위로(慰勞)

말이나 행동으로 괴로움을 덜어 주거나 슬픔을 달래 줌.

일러두기

작가 특유의 문체를 지키기 위한 비문이 포함 되어 있습니다.

이런 말이 얼마나 위로가 될지는 모르겠지만

●

김경현 산문집

김경현

Kyung Hyn Kim

1986년 서울 방화동 출생.

서로에게 조금 더 너그러워질 수 있기를 바라며,
글을 씁니다.

김경현 독립 작품 활동

▼ 독립출판

이별의 도서관 (2014), 국회의 사당 (2014), 꽃 같은 세상 (2014), 시집살이 (2015), 사랑의 재건축 (2015), 엄마방 아빠방 (2016), 보이지 않는 영원 (2017), 지나지 않은 문장 (2018), 나는 너라는 문장 속으로 걸어 들어갔다 (2018), 작은 책방 사용설명서 (2019), Stroll00 (2019), I'M NOT A FANCY. NO, I'M NOT (2021)

허공에 꽃을 심는다.
씨앗이 꽃밭을 이루고,
향기가 닿는 상상을 하면서.

나는 아직도 남몰래,

언어는 그런 일이라고 믿는다.

2019년 6월 김경현.

차례

1부

서울의 별 16
여긴 이제 겨울이 올 거야 17
그것만으로 괜찮은 하루 18
받은 마음을 대하는 예의 20
그 어떤 것 21
여전히 사라지지 않고 22
젊음 24
그저 그런 시간 28
믿음이란 무엇인가 29
또 다른 의미의 30
집보다 편한 카페 32
무표정의 오늘 34
위로가 될지는 모르겠지만 35
스스로 빛이 되는 38
모두 건강하기를 40
슬픔에 지지 말자 41
이 세상의 모든 것 42
그냥 좀 살겠습니다 44
내일은 재활용 버리는 날 47
우린 도대체 무슨 일을 48
이화국시에서 50
어김없이 올 것 52
탈출 54
아무도 없는 새벽 55

존재하지 않는 존재에게 56

고양이와 나눈 대화 58

이런 존재라는 건 60

정면을 응시하면서 62

쓰레기가 있던 자리에 63

썼다, 지운다 64

흐르고 여울지면 66

버틸만한 하루 68

그렇게 뻔한 날들 70

시간이 오래 흐른 뒤에도 71

그래도 찾다 보면 72

2부

그 무엇이어도 좋다는 76

작은 발자국을 기억하며 77

희망은 언제나 앞에 78

당신이 옳았어요 79

괴물이 되지 말았으면 80

나도 당신에게 82

오늘은 그날 그의 웃음으로 83

저 하늘 위로 나는 84

존재들이 말하는 희망 같은 것 86

내일로 가는 방향 87

강물은 바다를 88

멀고 먼 사람 90

그저 흘러가기만을 91

부디 언제 어디서나 *92*
그리고 이 서글픔이 *94*
뒤처져 걷던 나의 마음에 *95*
그 작은 구멍을 채울 것을 *96*
나는 그저 나의 *98*
두드리면 *99*
우리가 그들보다 *100*
눈길을 혼자 걸으며 *102*
흐르고 피고 흐드러지고 *103*
이유 없이 그저, 보고 싶어서 *104*
슬픔의 다른 이름 *106*
내 걸음걸이를 보며 *107*
자기 자신을 믿는 사람은 *108*
사라지지 않는 한 멈추지 않을 *110*
그 위로 *111*
꺼져가는 동안에 다시 *112*
대화가 없는 먼 곳 *114*
우리가 사는 마을 *115*
마음은 그대로 마음이어서 *116*
딱 이 정도로만 *118*
존재는 그렇게나 소중한 *119*

3부

당신이라는 길에 서서 *122*
함께 있지만 다른 공간에서 *124*
인간이란 그저 살 뿐 *125*
고민은 접어두고 *126*
우리는 무엇을 그렇게 *128*

그 후 129

그래도 비는 무언가를 130

탄생하기도 전에 소멸하는 웃음 134

내일부터의 하루는 당신에게 135

알아서 오고 간 모든 것들을 위한 136

그래도 올 거야 138

갈라지는 것들은 우리는 139

가득한 절망을 몰아내고 140

고마웠다는 말 적어둔 142

노무현 대통령 8주기 봉하마을 143

누군가 건너갈 다리가 될 수 있다면 144

식물들에 물을 주면서 146

또 다시 생각 147

밤새도록 보고싶은 148

어른들의 점잖음 150

누군가에게 곱고 고운 길을 151

문제가 잘못된 것 같은데요 152

우울의 끝을 향한 실험 154

항해 155

그런 사람들과는 되도록 156

유난히 하늘이 예쁜 날 158

마음은 언제나 마음 159

더 피곤해져야지 160

팔공산 162

그 힘으로 지치지 않고 163

가벼운 말에도 상처가 되는 164

과거 속에 사는 사람 166

자연스럽지 못한 인간의 언어 167

그렇게 마음이란 것이 쉬운 것이라면 168

4부

말은 언제나, 가볍게 172
욕심은 죄라기보다 173
무엇이 마음에 걸려 174
계절을 모르고 피는 꽃 175
사랑했던 마음을 새벽 위에 올려놓고 176
믿어야만 오는 내일 178
회피가 지겨워진 계절 179
매번 숫기 없는 진심에게 180
어차피 지겹게 찾아올 181
시간이 오랜 흐른 뒤에도 182
창밖에 꺼내두고 183
눈을 질끈 184
너를 위한 침묵 185
왜냐니 186
손가락을 밤하늘에 뻗어 187
미더운 혼잣말 188
믿음의 유언 189
동물원 190
저만치 멀어진 191
조용히 얼어가는 계절 192
언어라는 감옥 193
우리 사이에도 빈틈은 194
내 안의 기척 195
그저 고마운 196
인생을 즐길 수 있도록 198
우리가 갈 수 있는 모든 곳 199
지더라도 맑게 지자 200
풀잎을 향한 기도 201

우리 시대 *202*
그리고 우리는 그 시간 앞에 *203*
도화지에서 어둠을 몰아내면서 *204*
얼굴의 그늘 *205*
향기는 분명히 *206*
아침밥 다 된 소리 *207*
마치며 *208*

감상 | 얼마나 위로가 되는지도 모르고 | 이현호 (시인) *211*

1부

서울의 별

 서울은 별이 보이지 않죠. 쥐불놀이하던 어릴 적엔 그 많던 별이 어디로 사라진 걸까요. 어른들 말처럼 환경이 변했기 때문일까요.

 그 별이 당신에게 닿았기를 기도합니다. 사라진 것이 만들어내는 반짝임이 당신이기를. 당신이 누군가를 버렸다 해도. 그게 나라고 해도.

 비 오는 날, 별을 찾는 건 우습겠지요. 슬플 때마다 찾는 당신이 있습니다. 당신은 반짝이고 나는 웁니다. 서울에 별이 이렇게 많았나요.

여긴 이제 겨울이 올 거야

 그곳은 시험 없는 세상이기를 빌어. 위도, 아래도 없는. 그 누구도 너를 남과 비교하지 않는, 그런 곳이기를 빌어. 숫자에 시달리지 않아도 되는, 가끔 땡땡이치고 놀러 다녀도 아무도 뭐라고 하지 않는. 하루쯤, 한 달쯤 멀리 떠날 수 있는 곳이기를 빌어. 잔소리라는 단어 자체가 없는, 아예 숫자도 없는, 평가도 없는. 무엇이 될 필요도, 이유도 없는.

 천국은 번호표를 뽑고 줄을 서서 걸어가는 곳이 아닐 거야. 모두 손을 잡고 함께 입장하는 곳일 거야. 어린 천사야, 그곳은 이런 세상이 아니길 빌어. 아름다운 너의 존재가 더욱 빛을 발하는 곳이기를. 이 세상이 더 추악해질수록 그곳은 선의 가능성을 발견할 수 있기를. 여긴 이제 겨울이 올 거야. 인간을 시험한 죄로 꽝꽝꽝 얼어붙을 거야.

그것만으로 괜찮은 하루

　세상은 이해할 수 없는 것들로 가득 차 있습니다. 나는 저녁을 먹고 싱크대에 채워 넣은 빈 그릇을 생각합니다. 어디에서 어떻게 왔는지 알 수 없는 음식들을 해치우고 나서 어디부터 어떻게 해야 할지 몰랐던 지친 하루를 붙잡고 놓지 않으면서요.

모든 걸 이해할 수 있으리라고 여겼던 건 오만이었는지도 모릅니다. 그 짧은 시간에 많은 것을 이룰 수 있는 사람은 많지 않습니다. 제가 오늘 미뤄놓은 설거지처럼 누군가는 하루를 쌓아두었을지도 모릅니다. 내일 치우면 될 거라면서요. 말도 그렇게 쌓이곤 합니다.

올해는 쌓인 눈을 보지 못했습니다. 쌓여가는 말이 녹지 못하고 얼어붙어서 나는 그 빙판길을 걷다가 줄곧 넘어졌습니다. 혼자 울다가 툭툭 털고 일어나는 아이를 본 적이 있습니다. 아무도 관심이 없는 듯했지만 금세 눈길 위로 뛰어가는 아이가 있었습니다.

알 수 없는 운명으로 가득 찬 세상. 아직도 알고 싶은 것이 많습니다. 이해가 되지 않아서 지나쳤던 일들, 알지만 망설였던 일들, 상처받기 싫어서 냉담했던 일들 모두 미루어두었던 설거지처럼 닦아내면. 일단 오늘은 아무런 생각도 걱정도 없이 잠자리에 들면, 좋겠네요.

꿈에서는 쌓인 눈 위로 아이가 뛰노는 모습을 보았으면 좋겠네요. 불필요한 밀당일랑 다 필요 없다는 듯이 해맑게 웃는 아이를 보았으면 좋겠네요. 내일 아침이면 모두 툭툭 털고 일어나 서로를 향해 인사할 수 있어서 그것만으로 괜찮은 하루라면서 웃었으면 해요.

그러다 보면 언젠가 나도 미루어 두었던 말을 할 수 있겠지요. 사실 무슨, 말이 필요하겠어요.

받은 마음을 대하는 예의

인간 세상에 몰래 내려와 뒤섞여 사는 천사와 악마에 관한 이야기를 읽은 적이 있다. 오셀로 게임처럼 서로를 물들여가며, 그 흑백의 대비를 극적으로 보여주는 천사와 악마의 이야기를.

마음을 악마에게 빼앗길 때마다, 지쳐 쓰러져 무너질 때마다 천사를 만난다. 마음을 되찾아와 다시 빼앗기지 말라고 충고하면서, 안아주면서 손을 흔들며 떠나는 천사. 천사 같은 사람.

인간 세상에는 오셀로뿐만 아니라, 이아고도, 데스데모나도, 캐시오도, 에밀리아도 있다. 작가라면 누구나 셰익스피어가 되길 바라지만, 가끔은 나도 날개 없는 천사가 되고 싶다.

대단한 작품을 만들거나, 사회적 성공을 이루거나 하는 것보다, 가끔은 세상에 둘도 없는 천사인 척 살고 싶다. 그게 그때뿐이더라도. 그것이 오늘 받은 마음을 대하는 예의 같아서.

그 어떤 것

아무것도 아니었으나 그 어떤 것이 되어버린 것. 삼라만상은 믿음의 근거가 되었으나 누군가에게는 그저 부족한 것일 뿐. 그러함에도 믿음은 사람에게 살아가는 이유가 되고 결과가 되었다. 매번 무너지고 세워지는 생각 따위가, 쓰러지고 일어서는 마음 따위가 인간을 인간답게 하는 증거라서.

아무것도 아닌 일에 감정을 갖는 우리는 아무것도 아니지만, 그로 인해 그 어떤 것이 되어버렸다. 어렸지만 그 때문에 커버린 그 어떤 것. 이름 붙일 수 없으나 이름을 붙여 의미를 찾은, 의미가 없었으나 뜻이 되어버린 그 어떤 것.

여전히 사라지지 않고

 항아리 위에 고인 빗물을 참새가 와서 마시는 광경. 구름이 걷히고 햇살이 내리쬐면, 해갈하던 새가 하늘을 향하는 풍경. 밤늦도록 기타를 치던 앞집 청년이 빨래를 너는 정경.

 어쩌면 이 모든 것이 아무것도 아니어서 그 무엇으로도 형용해서는 안 된다는 생각을 한다. 그저 흘러가는 것을 우리는 매일 붙잡아 두려고, 묶어 두려고. 이도 저도 아닌데.

 창문의 틀은 커지지 않지만 우리는 창밖을 바라본다. 참새 옆에 고양이가 있고 그걸 눈치챈 새가 재빨리 날갯짓을 하고 기타를 치던 청년은 남자도 여자도 아니고. 빨래는 눅눅.

 비는 언젠가 마를 것이다. 마른 땅 위로 봄이 오면 새싹이 다시 돋고. 민달팽이가 그 위로 걷고 나는 잠들지 못한 채로 흙에게 말을 걸고. 대답 없는 한 줌의 대지가 사라져버리고.

비릿한 공기는 여전히 사라지지 않고.

젊음

 당신에게 모든 걸 주고 싶다는 마음으로 살았습니다. 오늘까지 살아 있는 건 당신을 사랑하기 때문이 아닙니다. 당신에게 사랑받기 위해서도 아닙니다. 주고 싶던 것이 너무 많았지만, 아무것도 주지 못한 죄책감에 하루를 빈 마음으로 채워갔습니다. 채워도 채워지지 않는 것이 있습니다. 이 사실을 깨닫기까지 많은 시간이 지났습니다. 그동안 나는 당신에게 주고 싶던 모든 것을 당신을 대신한 누군가에게 주기 위해 노력했습니다. 하지만 세상에는 노력해도 되지 않는 것이 있고, 당신을 대신할 누군가는 절대 있을 수 없었습니다. 당신은 당신이었고 나는 그 존재 자체를 사랑했습니다. 당신을 사랑하는 나의 마음을 사랑한 건 아닐까 생각해보기도 했습니다. 나는 결코 나를 사랑하지 않았기 때문에 당신을 사랑하는 나를 사랑할 수 없었고, 당신을 사랑하는 나의 마음도 사랑할 수 없었습니다. 내가 당신 앞에 다시 서기까지, 다시 서서 좋아한다고 말하기까지 나는 나를 사랑하지 않았습니다. 나는 나를 사랑하기 위해서 당신을 미워하려고 해보았지만 어쩐지 미운 건 당신이 아니라 나였습니다. 그래서 나는 나를 증오했고 원망했습니다. 나는 나를 어둠 속에 넣어두고 꺼내고 싶지 않았습니다.

  나는 모든 걸 줄 수 없는 현실을 부정할 수 없습니다. 그걸 뛰어넘어도 모든 걸 줄 수 있는 당신이 없기에 삶은 무의미합니다. 사람들과 시시한 이야기를 나누고, 시시한 이야기를 나누기 위해 커피와 술을 마십니다. 시시한 하루가 지나면 볕는 방에 곱게 누워서 창밖을 바라봅니다. 창밖에는 우리가 부딪힌 현실을 뛰어넘은 사람들이 삽니다. 길을 잃어 그들의 성 앞을 지난 적이 있습니다. 성을 지키는 문지기가 내게 행선지를 물었고 나는 문지기에게 길을 잃었다고 말했습니다. 나는 길을 잃었던 걸까요. 나는 그 길 끝에 있는 성에서 살아가는 사람들을 보고 싶었는지도 모릅니다. 누군가 성에 사는 사람들은 침을 흘리고 탐욕의 광기가 서린 눈을 지녔다고 말했지만, 아니었습니다. 아침마다 운동을 하고 비싼 외제차를 타고, 고급 와인을 마시고 전시를 구경하며 그림을 사는 일들이 그저 익숙한 일과이며 삶의 일부인 사람일 뿐이었습니다. 친구들을 성벽에 매달렸다가 성안으로 들어갔고 내게 손짓했습니다. 나는 친구에게 손뼉을 치며 말했습니다. '나는 조금만, 조금만 더 해볼 테야.

아직은 아닌 것 같아…' 말끝을 흐리며 길을 걸었습니다. 나는 어두운 숲속으로 발걸음을 옮기며 당신을 생각했습니다.

 단면이 완성이 아니듯이, 내가 본 당신이 완전한 당신은 아니겠지요. 반대로 당신이 내가 아니듯이, 당신이 본 나도 완전한 나는 아니랍니다. 나는 정말 모든 것을 주고 싶었습니다. 내가 나를 버려서든, 내가 남을 훔쳐서든. 당신이 갖고 싶어 하는 것뿐만 아니라, 이 세상의 모든 것을 당신에게 주고 싶었습니다. 돈으로 모든 것을 사줄 능력이 되지 않아서, 그 능력이 되는 날까지는 내가 당신에게 주고 싶던 이 세상의 모든 것을 글로 써 내려갔습니다. 당신은 내가 당신을 단순한 글감으로 여긴다고 말했지만, 어쩌면 결과론적으로 그 말이 틀린 말은 또 아니지만, 내가 당신을 쓸 수밖에 없었던 건 그만큼 주고 싶던 것이 많았기 때문입니다. 비겁한 변명이 문장이 되고 하루를 채운 후회가 몇 권의 책으로 남았습니다. 죽기 전에 내가 당신에게 주고 싶었던 모든 것을 적어두었습니다. 이 세상은 아름답지만은 않다는 걸 우리는 그 누구보다도 잘 알지 않나요. 나는 아름답지 않아서 내 눈에 아름답게 빛나는 당신에게만은 이 세상에서 가장 아름다운 것을 선물하고 싶었습니다. 내게 가장 아름다웠던 건 당신이지만, 당신에게 아름다울 이 세상의 어떤 것을 찾기 위해 죽지 못하는 날도 있습니다.

  어떤 방식으로도 연락하지 않으려고 나는 밤마다 손바닥에 엑스 자를 긋습니다. X를 손에 쥐고 잠들면 나는 내가 어느 정도는 밉지 않습니다. 잘 참았습니다. 어쩌면 내가 없는 세상이 당신에게 아름다울지도 모른다는 생각을 합니다. 내가 지긋지긋해서 당신이 내게 그런 말을 했는지도 모릅니다. 그런 말을 어떻게 받아들이고 받아들이지 않고의 문제보다 당신의 입에서 아듬납시 않은 말을 나오게 한 내가 너무나 역겹게 느껴집니다. 나는 나를 증오하느라 매일 새벽을 맞습니다. 늦게까지 잠들지 않고 나는 나를 떠올립니다. 나는 어떤 이유로도 이 세상에 태어나지 않았습니다. 또 어떤 이유로도 이 세상에서 떠날 필요가 없습니다. 아, 이유는 한 가지가 아니더군요. 축적되어온 인간의 삶은 제각각의 이유를 안고 살아가더군요. 사람들은 나름의 이유보다 이름 붙이기를 좋아하고 나도 당신과 나, 제각각의 이유보다는 사랑이나 이별 따위의 이름을 붙이곤 했습니다. 지금 흐른 눈물은 의미를 모르겠습니다. 이유를 붙이기도 어렵습니다. 나는 정말이지 이런 걸 글이라고 쓰고 싶지는 않았습니다. 언젠가 당신이 이 글을 읽게 된다면 잊어주세요. 당신에게 주고 싶던 모든 것은 이 글에 없으니까요.

그저 그런 시간

 약속은 지켜지지 않는다. 밤은 꼭 어둡고 낮은 꼭 밝은가. 그건 애초에 약속이 아니었다. 밤에도 밝게 빛나는 사람이 있고 낮에도 한없이 어두운 사람이 있어서 나는 당연히 그러하다는 듯이 말하는 걸 이해하지 못한다. 사람들은 약속을 쉽게 어긴다. 시간은 아무것도 아니라는 듯이. 인간의 사유는 축적의 산물이라는 걸 부정하는 듯이. 세 시간으로 맞춰놓은 선풍기가 꺼졌다.

 다시 일어나 버튼을 누른다. 태엽의 철두철미함이 못된 꿈속에 있던 나를 깨웠다. 비워둔 시간이 적막으로 채워지고 몇 개의 만남이 미뤄진 그 시간은 결국, 그저 그런 시간. 나는 그 시간만큼 나이를 먹었고, 그 시간만큼 그렇게 살지 말아야겠다는 생각을 한다. 지킬 것은 약속이 아니라 신뢰 같은 것이었는데 너무 많은 실망이 선풍기 날개처럼 돈다. 나는 나를 지키려고 새벽에 일어나 선풍기 태엽을 감는다.

믿음이란 무엇인가

 몇천 년 전에 죽어서 뼛가루 찾기도 어려운 공맹의 탓을 하는 걸 보면 사람들은 그저 믿고 싶은 것만 믿는다는 걸 새삼 깨닫는다. 교회의 타락이 예수 탓이 아니듯이 세계의 볼민쪽을 지금이 아닌, 질 일지도 못하는 시대의 이미지를 끌어와 상상하고 밋대로 확신할 필요는 없다.

 그들은 무엇에 관한 맹목이 그저 새로운 형식의 판타지일 뿐이란 걸, 몇몇 되 먹지 않은 본인들의 인성으로 보여주었다. 칼럼을 쓰든 방송에 나오든 그들이 어떤 명예를 가지고 훈수를 남발하든 관심 없다. 나도 내가 사랑하는 소설가의 말처럼, 비아냥은 인성의 문제라고 여기기 때문에.

또 다른 의미의

'조화로움이란 서로 보완해가는 모습'이라는 가정으로 세상을 바라보기 시작했다. 악다구니의 틈에서 서럽게 울던 사람이 이해되기 시작했다. 지금까지 옳고 그름만이 중요하다고 여겼던 나 자신이 부끄럽게 여겨지기 시작했다.

그리고, 서로를 올라서야 할 벼랑이나 절벽으로 여기는 사람들을 보면 눈물이 흐르기 시작했다. 바위에 뚫린 구멍이, 초록 강의 위선이, 저문 해의 모순이, 깃발의 비루함이, 움직임의 초라함이 그저 슬픔으로 느껴지기 시작했다.

외로운 사람들은 조화로울 이유를 찾지 못한다. 자신은 이미 조화롭다고 생각하는 믿음 때문에. 다른 모습이 자연스럽다고 생각하지 않기 때문에. 순서나 정황, 배려와 상황 따위보다 더 빠른 길이 있기 때문에.

또 다른 길을 만들기 위해서 우리는 얼마나 많이 닦인 길을 버려야만 했을까. 사람이 걷지 않는 길 위로 잡초 무성하고, 짐승들이 이빨을 세우고 걷는다. 단 한 번을 위해 쓰인 길, 단 한 사람을 위해 만든 길이 지도에서 사라진다.

그것 또한 다른 길을 위한 보완이라고 여기니 슬픔도 외로움도 나를 찾지 않았다. 무표정으로 하루를 보낸다. 아직도 어떤 이는 망치와 정을 들고 사람을 죽이기 위해 인터넷을 떠돌아다닌다. 또 나른 의미의 순망지한(脣亡齒寒).

집보다 편한 카페

'몇 시간째 죽치고 있는 거지?'

따분한 표정의 카페 주인이 책 읽는 청년을 바라본다. 라떼의 얼음이 녹아 물 반 라떼 반이 될 때까지 청년은 고개를 숙이고 책 속으로 빠져든다. 미소를 지었다가 이내 심각해지는 얼굴. 깊숙한 이야기 속에서 헤엄치는 수영선수를 본다. 경기를 즐기고 있는 그에게 해설자가 떠들기 시작한다.

'지금 때가 어느 때인데, 취업 걱정도 되지 않는가 보군요.'

청년은 아랑곳하지 않고 문장과 문장 사이로 난 길을 걷는다. 가벼운 발걸음. 이 짧은 시간을 위해 집에서 가까운 카페를 찾았을 것이다. 슬리퍼와 운동복 차림에 책 한 권. 나처럼 집에서는 도무지 책을 읽을 수 없어서. 아니, 내 집이 아니라서. 옆방 눈치, 집주인 눈치에 있기 불편해서. 그래서,

오늘도 집보다 편한 카페에 사람이 그렇게 많았나 보다.

무표정의 오늘

 오늘도 길게 글을 썼다가 지운다. 이 세상은 틀린 순서를 어물쩍 넘기는 모습에 융통성이라는 이름을 붙였는지 모르나, 내가 만드는 나의 하루는 오로지 상수리나무숲을 지날 때에 몇 알 주워든 도토리 껍질처럼 매끈하길 빈다. 사람이 미워지는 날이면 하루 종일 아무 말도 하지 않고 잠을 잔다. 오늘처럼 생각이 많은 날에는 낮이건 밤이건 잠은 오지 않는다.

 개운치 않게 일어나 묵은 쌀에서 벌레를 골라내고 화장실을 청소하고 먼지를 훔쳐두다 보면 슬픈 낯을 쉽게 버릴 수 있다. 밤이 오면 키우는 식물들의 잎을 닦는다. 바이닐의 묵은 때도 털어내고. 그리곤 바다 빛을 닮은 천을 씌워둔 침대에 누워서 다람쥐를 위해 두고 온 도토리를 떠올린다. 그리고 두 볼 가득 도토리를 넣고 뿔난 표정으로 미소 짓는 다람쥐를.

그리고 된 일 없이 흘러간 무표정의 오늘을.

위로가 될지는 모르겠지만

 우리의 시대는 오지 않을 것이다. 지식이 미래를 점유하고 과거가 현실을 점거하는, 지금과 같은 날들이 계속된다면 결코 우리의 시대는 오지 않을 것이다. 당신들의 시대가 오려면 아직 멀었다고 말하는 사람들은 자신들에게 당면한 세상만을 본다.

 지금 상영되는 영화나 드라마, 작품들은 어떤 시대의 어떤 계급을 이야기하는가. 기술은 발전하고 사람들은 백 년 안짝에 정리된 정보만으로 살아간다. 소통이라고 이야기하는 행위들이 진정 대화였나. 광장에 모인 사람들은 서로 대화를 나누지 않았다.

 그것을 민주주의의 힘이라고 말할 수 있을지는 모르겠지만, 광장 민주주의라고 말하던 식자들의 발언이 과연 역사에 기록될지는 의문이다. 여전히 사람들은 반목하고 서로의 이익만을 늘어놓는다. 공의를 이야기하면 세상 물정 모르는 바보 취급을 받는다.

개인의 영달을 위해 선택한 결과는 참혹했다. 마케팅의 성공은 온전한 성공이 아니었다. 이제 사람들은 돈 이외에 어떤 이야기도 하려고 들지 않는다. 내 주변은 그렇지 않다고 말하던 사람들은 한정된 범위의 인간관계를 맺고 있음을 인정하지 않는다.

선거 때마다 소수정당의 후보가 대통령이 될 것처럼 말하던 나부터 반성의 회초리를 들어야 한다. 옳고 그름의 문제는 이미 삶의 괴로움을 넘어섰다. 한 달에 얼마를 벌어야만 유지할 수 있는 하루를 반복하는 사람들에게 그런 방식의 꿈과 희망은 오히려 절망일 뿐이다.

서로에게 너그러워지지 않는 이상, 세상은 이로워지지 않을 거라고. 사랑하던 사람에게 말했다. 우린 서로에게 너그러워지지 않고 각자에게 유리한 말들만 늘어놓는다. 숫자도 말도 장난이 되어버린 시대에 사랑을 이야기하는 사람들의 대부분은 삿된 장사치였다.

며칠 전엔 겉포장이 잘 된 가게에서 싸구려 와인을 마셨다. 기댈 곳 없는 우리는 하루하루 이미지를 소비할 뿐이다. 오늘 먹은 것. 오늘 본 것. 오늘 느낀 것. 그중에서 가장 예쁜 것만 소셜네트워크에 올린다. 많은 사람들은 그걸 표현이라고 생각하지만 오히려 소비임을 깨달아야 한다.

 우리는 우리를 얼마나 소비하며 사는가. 밑바닥까지 드러나고 나면 깨닫게 될지도 모른다. 얼마나 많은 거짓말을 늘어놓았나. 거짓이 붙어 얼마나 많은 진실을 갉아먹는가. 미디어에서 옳은 척 떠들어대던, 얼굴에 분칠을 잔뜩 한 그 사람의 가식이 얼마나 많은 돈을 만들어내는가.

우리의 시대는 오지 않을 것이다.
친구여, 절망 앞에서 슬퍼하던 나의 친구여.
그래도 언젠가 오지 않겠는가.

이런 말이 얼마나 위로가 될지는 모르겠지만.

스스로 빛이 되는

 서울은 아침마다 입김이 나오는 날씨가 되었습니다. 아카시아 잎은 금화를 모아놓은 듯이 노랗게 변했습니다. 낙엽을 발로 차면서 걸어본 적 있나요. 책망하고픈 이들과는 다시 엮이고 싶지 않아서 괜한 화풀이를 하면서요. 겨울이면 옷을 벗는 나무를 보면서 썼던 시가 있습니다. 옷을 꽁꽁 껴입는 사람들과 다르게 맨몸으로 견디는 나무를 보면서요.

엽록소나 광합성 같은 말은 하고 싶지 않아요. 그래도 해바라기가 항상 해를 바라본다는 건 잘못된 상식입니다. 어쩌면 식물들이 태양을 경외한다고 생각했던 건 착각이었을지도 모르겠어요. 인간이 돈을 따르듯이 식물도 양분을 얻기 위해 그랬을지도 모릅니다. 알면서도 모른다고 이야기하는 일들이 참 많지요. 이제는 쉽게 참는 일도 많아졌지요.

어제 술자리에서 시비를 걸던 커플은 해장 잘하고 있을까요. 눈앞의 폭력도 웃어넘기면서 사과 없던 그 정의로운 사람들은요. 오늘도 웃고 있을까요. 표절을 일삼으면서 작가라고 떠들던 그 사람은요. 그런데 이제는 이런 일들에 화가 나지 않습니다. 영원히 모르고 살아가는 사람도 있고 알고도 모르는 척 사는 사람도 있더군요. 웃겨요. 이 세상은요.

손바닥 뒤집듯이, 좋고 나쁨은 사소한 일이지요. 입김에 얼어붙은 손을 녹이거나 흩어진 낙엽을 모아두는 빗자루질에 더 눈이 갑니다. 뽐내지 않아도 스스로 빛이 되는 사람들이 있어서, 아무것도 걸치지 않은 맨 마음으로 세상을 뒤집어쓰는 사람들이 있어서, 그렇게 각자의 자리에서 내 작은 화풀이도 후회하게 만드는 사람들이 있어서.

오늘도 절망을 향해 뒤돌지 않습니다. 곳곳에 나무와 사람이 있어서.

모두 건강하기를

 달이 너무 밝아서 한참을 멍하니 바라보다가, '어쩜 저렇게 밝을까' 중얼거렸다. 구름 한 점 없어서 더 잘 보였는지도 모르겠다. 핸드폰을 꺼내어 사진을 찍으려다가 세상에 밝은 건 달뿐인 것 같아서 집으로 돌아왔다. 어제는 아는 형과 한 시간 동안 건강하자는 전화 통화를 했고, 오늘은 아무도 없는 방에서 모두가 건강하기를 기도했다.

 맑은 웃음을 떠올리고, 맑은 문장을 떠올리고, 맑은 마음을 떠올리고. 깊은 그늘의 바닥을 퍼내다 보면 언젠가 맑은 물도 솟아오르고. 우리는 건강한 미소를 담을 수 있을지도 모른다. 그런 날이 오면 그날 밤 술잔에는 오늘 보았던 달을 띄워두어야지. 그리고 당신께 드려야지. 나도 한 잔 마시고. 그러려면 우리 모두 마음 맑은 채, 건강해야지.

아프지 말길. 건강하길. 다시 한번 기도하며.

슬픔에 지지 말자

 슬픔에 지지 말자. 절대로 이길 수 없을 거라고 낙담하지도 말자. 그저 이기지도 지지도 않는 상태에서, 어쩌면 다른 길이 있을지도 모른다는 상상만으로 하루를 살자. 준비한 적 없는 작별을 준비해야 하는 순간이 오더라도 무너지지 말자. 무너지지 말자. 무너지지 말자. 지지도, 이기지도 말자. 슬픔에 지지 말자.

이 세상의 모든 것

 신의 사랑을 녹여 만든 오늘을 악의 미소로 채울 수는 없다. 미워하고 화내고 노여워하는 표정은 마귀의 피부가 아니던가. 별빛이 천사의 손톱처럼 가느다랗게 반짝이면, 잊었던 당신의 웃음소리를 들고 아침을 맞이하러 간다.

 대지를 감싸는 천국의 희망. 영광의 깃발이 나부끼는 하늘의 철학. 사람의 길은 신의 머리카락. 냉담한 외로움에게도 기쁨은 언제나 함께하나니. 무지개다리의 단단함을 믿어 보자. 맞잡는 손만이 만들어내는 향기를 떠올리며.

 욕망과 이기를 남에게 드러내지 말자. 용기와 이길 수 있는 힘만을 기도하자. 당신의 사랑을 녹여 만든 오늘을 악의 미소로 채우지 말자. 부디 자신에게 관대했던 만큼 타인의 하루를 긍정하자. 밤이 다시 오거들랑 눈을 감고 떠올리자.

먼바다와 맑은 하늘과 그토록 당신에게 주고 싶던 이 세상의 모든 것.

그냥 좀 살겠습니다

 틀에 박힌 하루를 벗어나기 위해 노력한다. 매일 똑같은 일상이 반복되고 누군가에게는 같아 보일 수도 있지만, 우리는 나름 다른 하루를 보낸다. 하지만 그 다른 하루도 익숙해진다. 나는 아직도 익숙해지면 소중한 걸 잃는다고 여긴다. 관계가 깨질 때마다 입을 꾹 다물었다. 가타부타 망나니처럼 떠들기 시작하면 서로가 서로에게 남겨두고 숨겨두었던 마음마저도, 세상에 존재하지 않던 것처럼 모두 사라질까. 마지막에도 진짜 이유는 말하지 않았다. 이유는 받아들일 수 있는 사람에게만 이유가 되니까. 나는, 누구 말마따나 이기적이다.

 배려의 행동도 이기적으로 비추어질 수 있다는 걸 알게 된 이후로 관계를 맺는 게 어려워졌다. 내가 나의 기준으로 세상을 바라보듯이 많은 사람들도 자신의 기준에 맞춰 세상을 살아간다. 어떤 행동을 하더라도 좋게 보는 사람과 나쁘게 보는 사람이 존재하기에 배려라는 망설임이나 두려움 대신 저지르는 것도 좋다 여긴다. 옛 애인은 내게 관계의 모든 걸 글감으로 삼으려 한다고 말했다. 하지만 되려 그 이후에 만났던 사람들이 나를 글이나 그림으로 표현할 때, 그리고 그 표현을 통한 이미지로 내가 소비될 때에도 나는 그들에게 별말은 하지 않았다.

 이미 믿을 사람은 믿고 안 믿을 사람은 안 믿을 테니까. 나는 그저 그 사람이 나를 소재로 삼은 괘씸함보다, 언젠가 내가 말했던 걸 잊지 않아 준 것에 감사했다. 기분이 썩 좋은 일은 아니지만, 한편으로는 잘하는 걸 하는 건 응원할 일이지 않은가. 그리고 이제는 나도 주저하고 망설이기보다는, 하고 싶은 말을 눌러두며 참다가 화병에 앓아눕기보다는, 조금 배려 없는 사람처럼 보이더라도 그냥 좀 살아야겠다는 생각을 한다. 무례하게 행동했던 사람들은 오히려 화를 냈고, '같은 괴물이 되진 말아야지' 하며 참으면 사회성 없는 사람 취급을 받았다.

 오해를 줄이고자 말을 줄였다. 10년 동안 하던 블로그를 없앴고 페이스북 글도 대부분 지웠다. 사과하지 않는 사람들과의 관계는 끊었고 이제는 전처럼 모든 걸 받아주지 않는다. 지지하는 정당도 믿고 따르는 이념도 사상도 없다. 터널 밖으로 나와서 햇볕에 몸을 녹일 뿐이다. 동굴 밖으로 나와서 빗물에 때를 벗길 뿐이다. 중요한 건 나에게 있다. 누가 뭐라던 그냥 사는 것. 내가 하고 싶은 것을 남에게 휘둘리지 않으며. 그렇다고 함부로 행동하지 않으며, 기도하는 마음으로 하루를. 익숙한 이 틀과 프레임을 벗어나면 좀 더 자유로워지리라 믿으며.

그냥 좀 살겠습니다. 잘 부탁드립니다.

내일은 재활용 버리는 날

 모두 힘드니까 힘들다는 말은 구겨서 넣어두고. 친구들을 만나면 아무렇지 않은 듯 그저 웃고. 집으로 돌아와 참으로 감사하다는 말을 종이에 적어본다. 괜찮아, 잘 될 거야. 이런 말들을 들으면 막연하지만. 다시 한번 희망에 모든 걸 걸어보게 하는 묘한 기분이 든다. 말라버린 화분을 보면서, 자세히 보니 작은 새싹이 돋은 식물을 보면서 봄이 오는 풍경을 적어둔다. 숨을 고르고 묵은 잎을 떨궈본다. 구겨진 종이 뭉치를 상자에 넣으며, 내일은 재활용 버리는 날이니까 잊지 말고 내놓자고 다짐하면서. 어깨를 쭉 펴면서. 응, 이제 일어나야지. 고마워.

우린 도대체 무슨 일을

'그건 일이니까.'

그럼 우린 대체 무슨 일을 하고 있는 걸까.

비바람이 불고 눈이 오고. 길이 얼어붙었다. 살얼음판 위를 살금살금 걷는다. 두꺼운 옷을 뒤뚱거리며.

일을 하면서 내치는 또 다른 일들이 있다. 마음에 걸리고 목이 막히는 일들. 사람들은 그런 걸 그저 '그건 일이니까. 그냥 넘겨버려.'라고 말한다. 그런 모습이 어른을 만드는 건 줄 알았다.

하지만 세상에 쌓이는 건 눈만이 아니다. 그냥 넘겨버리기에는 괴로운 일들이 가득하고 우린 그걸 별일 아닌 듯이 넘겨버린다. 그런 일상이 쌓인다. 그런 일상이 그런 삶을 만든다.

별일 아닌 듯이. 고요한 듯이. 그 잠잠한 호수 밑에

아무것도 살지 않아도. 그래. '그건 일이니까.' 그럼 우린 도대체 무슨 일을 하고 있는 걸까. 우린 대체 무슨 삶을 살고 있는 걸까.

이화국시에서

 종로에서 녹사평까지 한 시간 반 정도 걸어 국숫집에 갔다. 벌써 세 번은 자리를 옮긴, 할머니 손이 큰 국숫집. 후루룩 국수를 먹고 다시 찬바람을 맞으며 집으로 돌아왔다.

 집으로 돌아오자 국민연금 고지서가 나를 반겼다. 신문은 온통 국민연금을 날려 먹은 사람의 신상에 관해 이야기했고 나는 아직도 국민연금 고지서를 잘게 찢고 있다.

 빠르게 변하는 건 많지 않을 테지만 바르게 변할 것은 많은 시대. 손가락 하나로 세상 어디든 구경할 수 있고 어떤 것이든 선택할 수 있지만 그 누구도 책임지지 않는.

 종로에서 충무로, 충무로에서 남산, 남산에서 해방촌, 해방촌에서 녹사평까지 걸어오는 길. 이 추운 날에도 얼굴이 벌겋다 못해 꺼멓게 익은 사람들이 밖에서 일하고 있었다.

  추운 날이 계속되어도 익어가는 것이 있다. 익지 않은 열매들이 손가락과 입을 놀리는 동안, 연예인이 옆에서 술을 먹든가 말든가 국수 한 그릇 말끔히 비우고 일어서는 동안에도.

  말없이 책임지는 사람을 떠올린다. 말로만 책임지던 사람들이 어떤 모습이었는지 떠올린다. 그 순수한 말과 손기락이 시뻘긴 얼굴과 시서넌 얼굴을 이야기한 적은 있던가 생각하면서.

어김없이 올 것

 낮이 오고 밤이 온다. 언젠가는 모두 떠났다고 생각했지만 모두 왔다. 물론 돌아오지 않는 것도 있다. 순간과 과거와 감정처럼 도무지 되돌아오지 않는 것들. 새해 첫날에는 바다에서 등대를 보았다. 밤이 되어야 불을 비추는 등대를 보며 낮이나 밤이나 그때나 지금이나 변하지 않는 것도 떠올렸다. 아니, 떠올랐다.

낮이건 밤이건 묵묵히 서 있는 등대를 보면서, 트라이포트를 보면서, 배를 몰아 바다로 나가는 어부를 생각하면서. 쉬는 날이 없던 내 부모와 지킬 것을 지키며 살아왔던 어른들을 떠올리면서, 더는 지키지 않고 훔치려 하는 이들을 마음에 두지 말자고 다짐하면서. 맑은 눈빛을 지닌 사람들의 웃는 얼굴을 미소를 떠올리면서.

친구들에게 손을 흔들며 인사를 하고 집으로 돌아와 뜨거운 물로 샤워를 했다. 너무 급하게 세상이 변할 거라고, 그렇게 믿을 수밖에 없던 내 사주팔자를 원망하면서 커피를 내려 마셨다. 덕분에 늦게 잠자리에 들었지만, 아침은 어김없이 왔다. 꿈도 미래도 어김없이 올 것이다. 돌아오지 않는 것들은 변하지 않겠지만.

등대는 깜빡인다. 나는 깜빡이는 눈을 떠올린다. 오늘은 만선이 아니더라도 꾸준함을 믿으면서. 미루지 않고 이뤄가면서, 지킬 것은 지켜가면서. 맑은 눈과 미소만은 변하지 않기를. 하루밖에 지나지 않았는네 바다 향기가 그립다. 우리는 우리를 다독일 수 있을까. 몰라, 하지만 꿈을 꾸지. 우리는 꿈을 꾸지.

탈출

　새벽에 초인종이 울리면 불쾌함보다 두려움이 먼저 인다. 거센 바람도 쉬이 누르지 못하는 저 버튼을 눌러대는 존재는 누구인가. 벨 소리가 사람을 가둔다. 아무도 문을 열지 않는다. 어떤 소리도 들리지 않고, 나는 이제 모든 걸 버릴 수 있는 시대와 모두가 자기만의 동굴에 들어가 한정된 정보만을 취득하는 사회를 본다.

　연결은 그물이 되고 몸집을 줄인 생선만이 빠져나갈 수 있다. 살고자 한다면 모두 버려야 한다던 누군가의 말이 오늘따라 무겁다. 수렵과 채집. 그리고 농경. 책은 그 이후까지도 이야기했지만 어쩐지 수렵과 채집, 그리고 농경만이 반복되는 느낌이 드는 건 왜일까. 동굴 깊은 곳에 작은 온기에 손을 쬐던 촛농이 녹아있다.

　무언가 밝히려던 행동이 다시 어둠 속에서 헤맨다. 아침이 오면 다시 밤이 올 것이다.

아무도 없는 새벽

 맹목적인 믿음과 행동은 부모에게서 경제적, 정서적으로 독립하지 못한 어른아이들이 나이가 들면서 부모에게 기댈 수 없자 선택하기 시작한 태도의 유형이라고 봅니다. 감정의 진딜파 선미를 착각하거나 이성적 사고의 불성실함이 만든 현상으로 판단합니다. 농경사회를 지난 지 이미 오래되었건만 수렵과 채집으로 회귀하려 함은 발전인지요, 퇴보인지요.

 시간을 두고 기르려는 사람을 좋아합니다. 삽시간에 휘몰아치며 절벽을 만들던 태풍이 있던 밤. 엄마, 아빠를 찾아 헤매던 어른아이들이 길가로 나와 헐벗던 날. 나는 나를 혐오하였습니다. 파도가 잦아들고 모래를 한 움큼 쥐어 들며, 사라지는 성장에 애석해하는 건 비참한 일이라면서 혼자 걸어도 좋은 길을 걸었습니다. 아무도 없는 새벽, 혼자 걸어도 좋은 길을.

존재하지 않는 존재에게

 작년은 안녕이란 말도 없이 가버렸습니다. 아무 기척도 없이 밤도 오고 새벽도 왔습니다. 어머니, 오늘 저는 죽은 화분을 껴안고 낮에 본 슬픈 영화를 떠올렸습니다. 그리고 단 한 번도 가보지 못한 나의 고향을 생각했습니다.

 아침이면 쑥국 냄새 풀풀 나는 솥단지 앞에 쭈그리고 앉아서 "밥상 차리자."라는 소리만 기다리는 곳. 곰취며 호박이며 여린 잎을 따다가 데쳐서 남의 살 씹듯이 우걱우걱 먹어대는 곳. 자르지 않은 나무들이 구름에 닿을 듯이 자라서 툇마루까지 그늘이 넘실대는 곳. 동네 개들이 종종걸음으로 무리 지어 놀며 행복한 곳. 언제든 돌아와 안길 수 있는 작은 숲이 있는 곳.

 아직도 남겨둔 까치밥이 벌겋고 그 위로 곱게 쌓인 눈과 한 번도 녹지 않은 만년설에 저 멀리서도 눈이 부신 마을을, 갈 수 없는 고향을 생각했습니다. 안녕이란 말은 존재하는 대상에게나 가능한 말인가 봅니다. '고향은 안녕한가요.' 허공에 물어봅니다. 존재하지 않는 고향에 부치지 못하는 편지만 늘어갑니다.

 안녕, 안녕. 존재하지 않는 존재에게 보냅니다.

'안녕, 안녕.'

고양이와 나눈 대화

 피암시성이 강한 사람들은 의존성 인격장애나 경계성 인격장애를 갖고 있다. 우리의 환경은 이런 인격을 학습할 수밖에 없는 상황에 놓여있는데 여기에 불균형한 자기애까지 추가되면 범위와 범주에 관해 혼동을 피하지 못하고 판단력이 흐려진다.

 감정의 세밀화는 비판적 사고를 통해 지식을 받아들이는 습관에 있다. 지금 내린 판단이 누군가에게 피해가 간다면 그리고 그 피해를 받는 주체가 나 자신이라면 판단의 유보를 위해 차라리 사고를 멈추는 것이 좋다. 행위는 타인을 향하기도 하지만 자신을 향하기도 한다.

 결국 우리가 내뱉는 모든 말은 자신을 향해 던지며 행위를 감추려는 수단일 뿐이다. 삶은 짧지만 길고 판단은 빠르지만 느리게. 서로 적이 되는 방향이 아니라 조금 떨어져 걸으며 생각을 정리하는 것. 여전히 비아냥과 미워하는 마음이 난무하는 시대에 어젯 밤 고양이와 잠시 나누었던 대화를 남겨둔다.

이런 존재라는 건

 세계 인구는 약 77억 명 정도. 나 같은 사람이 지구에 그만큼 있다는 말이다. 완전히 똑같을 수 없는 존재가 77억쯤 있다고 생각하니 세상이 조금 이해되기 시작했다. 그리고 사람들의 마음을 얻는 건 대단한 일이기도, 아무것도 아니기도 한 일.

77억 명이 사실은 모두 또 다른 나여서, 세상에는 그만큼의 감정과 생각이 존재하여서, 그리고 가는 실 같은 인연으로 모두 이어져 있어서 또 다른 나들을 지치지 않도록 응원해야겠다는 다짐을 한다. 오늘은 별다른 날이 아니지만 다른 날과는 다른 날.

비단 77억 명의 인구만이 아니라, 지구에 살아가는 동식물과 미생물, 땅과 하늘, 강과 바다, 우주의 모든 것이 또 다른 나라고 여겨보니 도무지 소중하지 않은 것이 없다. 마음을 두는 곳이 새로운 윤회이자 천국이겠다. 나는, 너는, 이 세상 어디에나 있으니.

나라는 존재를 잊어버리면 모든 곳이 나겠다. 그러므로 항상 기쁘고 슬플 수밖에, 건강하지만 아플 수밖에 없다. 차원의 문을 열어서 과거의 내가 할 수 있는 수많은 선택지를 다 돌아볼 수 있다고 해도, 그 돌아봄조차 선택이므로 그저 삶에 충실할 수밖에 없다.

지금의 나로서는 최소 77억 정도의 비교 대상을 눈여기며 살 수밖에 없다. 참으로 신기한 일이지, 아무것도 도움이 되지 않는 망상일 뿐인데 마음이 조금 가벼워지는 건. 서로서로 투영하면서 반증한다는 건. 이런 존재라는 건. 지구는, 우주는 이렇다는 건.

정면을 응시하면서

 핸드폰은 나르시시스트의 호수. 우린 매일 자신을 간직하고 싶어 하지. 그리고 끊임없이 들여다보면서 빠져들고 빠져들고, 빠져들고. 퐁퐁퐁 풍덩. 내면은 언제나 끝에 있었지. 손끝에, 발끝에, 입술 끝에, 이마 끝에, 코끝에, 말끝에, 글 끝에. 우리의 끝은 이 우주 어디 즈음에 있을까.

 친구는 아무 말 없이 인생의 끝에서, 핸드폰도 보지 않고 이젠 그 어느 것도 볼 수 없는 곳에서 나를 기다린다. 끝이 보이지 않는 호수 위에서 작은 배의 노를 저으며 이야기를 나누는 상상을 한다. 호수에 비친 나를 떠올리지 않는 방법을 떠올리면서. 그렇게 정면을 응시하면서.

쓰레기가 있던 자리에

 높은 산에 올라 밑을 굽어본다. 내려다보기 위함이 아닌 가장 큰 나무를 찾기 위한 등산. 누군가는 산 꼭대기로 가는 걸 정복이라고 표현하지만, 누군가는 그곳으로 올라가 기대어 쉬기 편한 나무를 찾기도 한다.

 쓰레기를 잔뜩 주워들고 태어난 마을로 향한다. 말도 쉽게 버려둔 쓰레기 같은데 줍지 못한다. 말은 역병처럼 고향을 돌고, 주워온 쓰레기를 보며 비아냥거린다. 그 자리에 꽃을 심는다. 악에 받친 꽃이 절규한다.

썼다, 지운다

 최근에 느끼는 나의 가장 좋은 점은 썼다 지우기를 반복하는 일이다. 지금도 한 시간 내내 글을 썼다가 모두 지워버렸다.

 문장 너머에 있는 문장, 사람 너머에 있는 사람, 마음 너머에 있는 마음 따위가 모든 인간문제의 간격을 줄여줄 것이다.

 누군가 글로 포장지를 만드는 동안 누군가는 그 포장지 위에 글을 써야 한다. 누군가 진심 없는 대화를 늘어놓는 동안 누군가는 진실한 언어로 눈을 맞추어야 한다.

 누군가 자신만의 세상을 만드는 동안 누군가 우리들의 세상을 일궈두어야 한다. 누군가 그러는 동안 누군가 이래야 한다.

 공식처럼 말을 만들었다가 다시 썼다, 지운다. 기

실 이런 행위는 김광석의 마지막 노랫말처럼 이유 없이는 불필요한 일이다.

흐르고 여울지면

 환상이 주는 매력을 모르지 않아서 꿈을 꾸는 아이에게 아무 말도 하지 않았지. 현실이 괴로워서 혼자 있고 싶어 하던 아이에게 아무 말도 할 수 없었지. '그때로 되돌아갈 수 있다면 좋겠다.'라며 매일 밤 울던 아이에게서 아무 말도 들을 수 없었네. 창문 언저리에 달이 붙어 빛나던 밤, 사라지는 시간과 맞이하는 시간이 주위를 감싸던 밤, 한 편의 시를 썼다가 휴지통에 던져버리고는 무심한 듯이 동공의 초점을 놓아본다.

 마을에 밥 짓는 소리가 들리고 저 빛이 우리의 절망을 모두 거두어가기를 기대하지만. 사람들은 각자의 슬픔을 안고 애써 웃으며 하루를 보낸다. 감춰둔 그것을 무엇이라 불러야 할까. 철학자들의 말장난에서 허우적거리던 날도 있었지. 술독에 빠져 현실을 부정하거나 먼 곳으로 도피하고 싶기도 했네. 그러나 풀지 못한 숙제가 아직 남아있어서. 해결하지 못하면 결국 나는 내가, 너는 네가 아닌 게 되어버려서.

이제는 두 번 다시 그 어떤 비관도 없이, 세상의 모든 좌절을 마주할 수 있기를. 최선을 다해 최악의 하루를 넘어갈 수 있기를. 걷고 걷다 보면. 또 걷고 걷다 보면. 할 수 없었던 말도, 하지 못했던 말도, 하려 했던 말도, 해야 했던 말도 할 수 있지 않을까. 아니, 그 말을 내뱉지 않더라도 서로를 이해하는 순간이 올지도 몰라. 서로에게 더욱더 너그러워질 수 있는 시간이 올지도 몰라. 봄이 오면 여름, 가을, 겨울이 오면.

생이 그렇게 흐르고 여울지면.

버틸만한 하루

 모두가 행복할 수 있는 곳이야말로 지옥입니다. 그게 불가능한 이곳도 지옥이지만, 모두가 행복한 그곳이 천국일 리 없습니다. 선한 사람도 있지만, 악한 사람도 있기에. 선한 마음도 있지만, 악한 마음도 있기에. 누군가의 행복은 누군가에게 불행일 수 있습니다. 그토록 누군가 불행하길 바라는, 타인의 불행에 기뻐하는 사람이 있기에 행복을 바라는 이 세상도, 행복뿐인 그 세상도 천국일 리 없습니다.

죽지도 살지도 못하는 사람이 있습니다. 마음은 이도 저도 아니어서, 인간은 단정 지어 버릴 수 없는 존재여서 사랑하지도 미워하지도 못하는 마음을 품에 안은 채 죽지도 살지도 못하는 사람이 있습니다. 그리고 '하고 싶다'라는 말보다 '해내야 한다'라는 말이 익숙해질 무렵, 아직도 용서하지 못한 사람이 많아서. 미워하는 마음을 버리지 못해서. 그만큼 인간과 마음에 거는 기대와 희망을,

발견할 때가 있습니다. 결국 해낸 사람이 지나온 천국과 지옥에서 겪어온 꽃다발이 반나절 만에 말라 저버리더라도. 힘주어 놓치지 않은 그 의지와 손아귀에 머물렀던 힘과 이 세상을 천국과 지옥으로 구분하지 않고 인간과 마음을 선과 악으로 나누지 않고 향기를 전하려던 첫 마음만으로도 오늘은 어제보다 버틸만한 하루가 됩니다. 천국이나 지옥일 리 없습니다. 오늘은 버틸만한 하루입니다.

그렇게 뻔한 날들

　죽을뻔한 일이 몇 번 있었다. 사람들은 그런 순간이 오면 지금까지 살아온 날들이 주마등처럼 스쳐지나간다고 말했지만 그렇지 않았다. 바다에 빠져도, 교통사고가 나던 때에도 떠오르는 건 사랑하는 사람들이었다.

　요즘은 아무 생각 없이 시간을 보낸다. 행복한 순간이 다시 떠오르면 괴로운 순간이 있다는 걸 아니까. 난 그게 두려운 겁쟁이라는걸, 아니까. 그리고 그런 겁쟁이들은 서로를 잘 알아본다. 우린 우리를 쉽게 지나친다.

　살아있다는 건 그렇게 뻔한 날들이다. 뻔뻔하게도.

시간이 오래 흐른 뒤에도

 흐렸던 날씨가 개면서 내가 서 있는 곳에만 햇살이 비치는 때가 있다. 한자리에 오래 서 있다가 그런 순간을 맞이하면 정수리부터 이마, 광대, 입술을 훑고 지나가는 햇볕이 너무 따시로워서 미소를 머금게 된다.

잠시뿐일지라도 기분 좋은 기억으로 남아서 시간이 오래 흐른 뒤에도 떠올리게 되는. 스쳐 지나갔더라도 포기하지 않고 평생을 살아가도록 하는. 순간을 감사한 마음으로 맞이하고 전하고 싶다. 그런 존재가 되고 싶다.

그래도 찾다보면

 방을 구하러 다니면서 서울의 또 다른 모습을 만난다. 학생들이 많이 사는 동네는 이미 원룸 전세가 억 소리가 나고, 도시재생사업은 가구당 500만원꼴로 주는데 그걸로는 이러지도 저러지도 못한다는 이야기도 듣고.

 대학을 졸업하고 군대를 다녀와 사회로 진출하기까지. 꽤 많은 시간과 돈을 투자하건만 사회로 나와서 모은 돈이 억 소리가 나려면 어떻게 살아야 할까. 매달 월세를 내고 남은 돈으로 억 소리 나게 살려면. 도대체.

 부동산 사장님들이 했던 말이 귓가에 맴돈다. '그 돈도 적은 돈이 아닌데.', '집 위치가 건너편 아파트 높이네요.' '젊으니까 여기까지 걸어 다니는 게 힘들지는 않겠지요?', '빛은 안 들어오지만, 이 집도 좋은 집이에요.'

어제는 바람이 많이 불어서, 이렇게 높은 동네에 살면 빨래는 잘 마르겠다고 생각했다. 그리고 한 부동산 사장님이 내내 안쓰러워하면서 해줬던 말을 떠올린다. "그래도 찾다 보면 꼭 구할 수 있을 거예요. 힘내요."

이 시대, 이 사회, 이 시간을 함께하는 사람들에게 저 말이 잠시나마 위로가 되지 않을까, 잊지 않고 적어둔다. '그래도 찾다 보면 꼭 구할 수 있을 것'이라고. 그게 집이든, 꿈이든, 희망이든, 사랑이는, 그 무엇이든.

2부

그 무엇이어도 좋다는

 씨앗을 위한 기도를 이루는 새벽이 오면, 아침이 모두에게 태어날 수 있도록 웅크린 밤의 뒷모습을 본다. 그리고 향기는 꽃의 영혼이어서 향기를 남기고 간 사람의 영혼은 어떤 꽃인 걸까, 떠올린다.

 피어오르는 꽃들이 우리를 천국으로 인도하리라고, 꽃이 남긴 향기의 끝으로 가면 누군가 서 있을 거라고, 그게 내가 아니어도 좋다는 기도.

 내일 아침, 희망이 떠오르는 걸 지켜보는 절망의 뒷모습과 그걸 바라보며 심어 두는 씨앗에서 싹이 돋길 바라는 기도. 꽃이 아니어도, 그 무엇이어도 좋다는, 초록빛기도.

작은 발자국을 기억하며

 도시의 체취가 모여드는 곳에 빗물도 고여. 눈이 가득 내린 날, 이젠 밥 짓는 연기보다 하수구 근처에서 김이 나는 게 더 많이 보이더라. 어릴 적엔 맨홀 위에서 뛰는 장난을 치기도 했지. 그게 얼마나 위험한 줄도 모르고.

 가벼운 순간들이 쌓이면 어디로 흘러갈까. 체취가 모여드는 곳, 눈물이 고이는 곳. 눈이 가득 내린 날, 아무것도 먹지 않고 한강 강가를 걸었어. 더워서 모자를 벗었더니 머리에서 김이 나더라.

 장난기 가득한 아이가 웃으며 달려가는 모습이 보이고, 나는 그의 작은 발자국을 기억해두었네.

누군가의 도시와 맨홀,
금세 사라지는 입김 따위도.

희망은 언제나 앞에

 모순을 극복하는 방법이 인간을 살게 하는 방법이 겠다는 생각으로 가장 선한 자나 선하려 하는 자들의 발자취를 읽는다. 인간에게는 언제 어디서나 한계가 있고 그 한계를 위선으로 덮으려거나 자기 정당화하려는 태도를 보이기도 한다.

최선을 구하는 사람과 위선을 통해 최악으로 치닫는 사람들 틈바구니에서 우리는 때로 냉담해지지만 따듯한 차 한 잔으로 얼어붙은 마음을 녹이지 않으면, 아픔과 상처를 다른 방식으로 보이지 않으면 결코 절망에서 멀어질 수 없다. 절망은 언제나 뒤에 있고 희망은 언제나 앞에 있다. 그리고 곁에는 사람이 있다.

지쳐 쓰러지고 무너질 때마다 자신에게 읽어 줄 만한 괜찮은 성경 구절을 기억하고 있다. '사랑하는 자여 악한 것을 본받지 말고 선한 것을 본받으라.' 사랑하는 자여, 내게는 무엇이 최선이 될 수 있을까. 나는 무엇을 본받아 살아야 할까.

당신이 옳았어요

　한 사람의 인생을 단면으로 판단할 수 있을까. 찰나의 순간에 마주한 모습으로 인생을 가늠할 수 있을까. 선택이 만든 지금의 결과가 썩 마음에 들지는 않더라도 최선을 다했다면 나를 다독여도 괜찮지 않을까. 하늘에 손가락을 뻗어 동그라미를 그려본다. 지구에, 이 우주에 그려 넣는 나의 나이테. 아무도 볼 수 없지만, 꾸준히 그려둔 삶의 긍정. 이제는 더 많은 원을 그려보고 싶다. 힘들었지만 내가 옳았다고. 울지 말아요, 당신이 옳았어요.

괴물이 되지 말았으면

　인간의 존엄성을 잃어버린 비윤리적 행위가 예술가의 표현방식 중 하나일 수는 있지만, 예술가의 덕목처럼 귀결되는 이해는 예술과 인간을 너무 쉽고 단면적으로만 바라보는 관점일뿐더러 예술과 인간이 가질 수 있는 더 큰 가치를 평가절하하는 무지이며 비도덕성을 정당화하는 수단에 지나지 않는다.

　반대로 비윤리에 대한 비판이 인간의 기본권을 제한하는 경우가 한편으로는 자유로운 의사 표현일 수 있지만, 인권에 관한 무지에서 비롯된 행위임을 알 때, 비로소 우리는 테이블에 모든 자유와 권리를 올려놓고 이야기할 수 있는 상식적인 인간이 될 수 있다.

　소고기의 마블링으로 소의 삶을 모두 말할 수 없듯이, 국내산 대패삼겹살이 저렴한 이유가 꼭 원산지를 속여서 파는 것만은 아니듯이. 적어도 똑같은 방식으로 행동하는 괴물이 되지 말았으면.

집 앞에는 매화가 피고 꽃잎 몇 장이 떨어졌다. 다음 주면 서울에도 벚꽃이 필 테다. 꽃이나 나무, 식물이 가진 시간의 관용이 내심 부러울 따름이다.

나도 당신에게

열심히 삶을 긍정하다 보면, 미소 가득한 사람들의 표정을 찾아보다 보면, 웃는 게 어색해진 나도 자연스럽게 웃을 수 있지 않을까. 많은 글을 썼다가 지웠다.

내가 아침을 어색하지 맞게 된 이유에 관하여. 언젠가부터 사람들 앞에서 웃음 짓지 않게 된 상황에 관하여. 그래도 다시 한번 생각해보면 해맑은 사람 앞에서는,

입꼬리 한껏 치솟은 사람 앞에서는 한없이 웃어야지 싶다. 앞에서는 웃고 뒤에서는 욕하기보다 앞에서도 뒤에서도 웃는 사람이 되고 싶다. 더없이 긍정하고 싶다.

나도 당신에게 미소를 건네고 싶다.

오늘은 그날 그의 웃음으로

하노이에서 가장 인상적이었던 모습은 젊은 공안 한 명이 작은 새를 손바닥 위에 올려놓고 모이를 주는 풍경이었다. 그는 무표정의 다른 공안들과는 다르게 새를 바라보며 미소를 짓있는네 작은 생명에게 마음을 베푸는 그의 삶은 다른 이들의 웃음을 자아내기에 충분했다. 오늘은 그날 그의 웃음으로 하루를 난다. 작은 새가 힘차게 하늘을 난다.

저 하늘 위로 나는

 전 지방선거 때 모 캠프 청년자원봉사 모집 글을 써준 적이 있다. 그들이 그걸 어떻게 써먹었는지 모르겠지만, 그 글의 요지는 '청년은 서울의 희망입니다.'였다. 청년도, 서울도 희망이 아니라고 생각하는 요즘은 '서울은 청년의 절망입니다.'라고 그 후보와 캠프에 말해주고 싶다.

 시간이 지나고 주위를 더 둘러보니 서울이고 어디고 기댈 곳 없는 사람들이 너무 많아서 별을 보는 게 부끄러워졌다. 어느 날에는 시간을 견디며 지내온 사람들의 미래를 떠올리기도 했다. 오히려 버티고 버틴 사람들의 세월이야말로 관용인 것만 같았다.

 어떤 말도 위로가 되지는 않겠지만, 어떻게든 위로의 언어를 배워두고 싶다. 사탕을 가득 실은 돛단배를 띄워 보내고 싶다. 선전이나 프로파간다가 아닌, 그 어떤 진영의 논리가 아닌, 어느 사상의 편이 아닌 방향과 자리에서 버티며. '언젠가 함께 별을 보자'라는 편지를 접어 비행기처럼 날려 보내며.

저 하늘 위로 나는 종이비행기를 바라보며.

존재들이 말하는 희망 같은 것

 애써 밝은 척 빛나는 걸까. 그건 괜한 걱정이지. 우리는 멸망한 별의 조각에서 왔는걸. 너무 잘게 부수어진 탓에 맞출 수 없는 것도 있지. 다른 탓에 서로를 찌르기도 하지. 그렇다고 사라져야 할 존재는 없어. 모두 빛나는 순간을 맞이하길. 별은 빛나고, 별이 보이지 않아도.

 어둠이 거치면 다시, 별이 빛나고. 빛은 사라져가는 존재들이 말하는 희망 같은 것. 말없이 밤하늘을 바라보며. 조각난 파편들을 위한 기도를 드리며. 강 건너 우주 저편에 축복이 드리우기를. 몸과 마음 모두 건강하기를. 좋은 기분으로 아침을 맞이할 수 있기를.

애써 밝은 척 웃는 하루를 보냈더라도. 그랬더라도.

내일로 가는 방향

 태양이 뜨고 지는 곳으로 걸으면 그늘은 언제나 등 뒤로만 존재한다. 나무와 풀과 꽃의 방향이 해를 쫓듯이, 누군가 어둠을 등에 지고 걸어가듯이. 갈팡질팡히는 삶에 헐렁이 찾아오더라도 온기가 남아있는 곳이, 풀 내음과 꽃향기가 나는 곳이 내일로 가는 방향이니까.

강물은 바다를

다시 잠이 오지 않는다. 하지만 예전과 다른 것은 더 아무렇지 않다는 것. 기쁘지도 슬프지도 않게 하루를 보낸다. 이젠 술자리도 괜히 피하게 되고 책은 읽다가 아무 데나 던져버린다.

영양가 없는 것을 분별할 수 있게 된 점은 축복받을 일이지만 어느 것에도 마음이 동하지 않는 것은 외로운 일. 단지 천천히, 무겁지도 가볍지도 않게 흐르는 강물을 떠올린다. 온갖 것들이 사는 곳. 그러나 멈추지 않고 흐르는 곳. 그렇게 흘러 바다가 되는 강물을.

매력적인 사람들이 넘쳐나지만, 세상은 모든 것을 걸 만큼 흥미롭지 않다. 사람들이 욕심을 내고 자기 것을 챙기는 모습을 보면서 이제는 화가 나지 않는다. 고마운 일은 티 없이, 해맑게 웃는 사람들의 얼굴을 볼 수 있어서, 그렇게 그들이 웃어주는 세상이라면 내게는 흥미롭지도 즐겁지도 않은 세상이라도 살아 볼 만하다 여긴다.

계속 흘러서 바다를 만나고 싶다. 대지만큼 광활한.
펄쩍펄쩍 뛰어가 안기고픈 파도를.

멀고 먼 사람

 빗소리가 들리면 떠내려가는 꽃잎을 떠올린다. 속이 비쳐서 있는지 없는지 모를. 얇은 잎이 멀리 사라지고, 멀고 먼 사람을 떠올린다. 지난 상처에 괴로워한다는 말을 들어서 괜스레 나도.

 비가 내리면 많은 것이 씻겨 내려간다. 어디론가, 어딘지 모를 곳으로. 젖은 옷을 세탁기에 던져 넣고 마음에도 옷이 있을 것만 같아서 가슴을 쓸어내린다. 젖은 마음도 씻을 수 있다면 좋겠기에.

 모든 슬픔을 깨끗하게 할 수 있다면. 햇볕 좋고 바람 좋은 날 빨랫줄에 널어둘 수 있다면. 꽃잎이 비처럼 내리고, 마음에 붙은 꽃잎 한 장을 아끼는 책 속에 넣어둘 수 있다면. 그럴 수 있다면.

그저 흘러가기만을

 시간이 버텨주던 때가 있었는데 이제는 시간을 버틸 수가 없다. 빨리 지나가길 바라던 순간들이 지나고, 덧없이 보낸 날들을 지나, 허무하게 가버린 하루를 그리워하기 시작했다.

 한참이 지나서야 시간이 나에게만 흐르지 않는다는 걸 알았다. 알고 난 뒤에도 나는 시간이 계속, 그저 흘러가기만을 기대한다. 단순한 허무함이 아니라, 일말의 기대가 아니라, 어차피 시간은 흐를 것이므로. 함께, 따로 또 같이.

 다들 그렇게 시작과 끝은 같다. 이 밤의 끝은 어떻게든 아침이니까, 지금의 기분이 인생을 규정할 거라고 단정 짓는 건 아직 새벽을 맞이하지 못한 탓이다. 곧 새벽이 온다. 해도 뜰 것이다.

부디 언제 어디서나

 같은 냄새에 끌리는 걸 사랑이라고 말해 오지는 않았나요. 정확히 알 수 없는 이유를 굳이 찾으려 하지는 않았지요. 익숙함이 만드는 친숙함은 어색함보다 편리하니까, 뭔가 이상하다 싶어도 남들이 부추기면 그런 줄 알았지요.

 모르지요. 달콤한 순간이 오면 누렸던 시간이 얼마나 큰 절망이 될지. 당신이 내 손을 잡지 않았더라면 나는 지금처럼 울지 않을지도 몰라요. 수잔나, '이젠 어쩔 수 없지 않느냐.'라고 말하면 나는 어쩌지요.

 그림자마저 사라져버리는 어둠 속에서도 당신의 미소를 찾아요. 어떤 날은 세 시간을 걸어 당신과 사귀기로 했던 장소로 갔지요. 여전히 별은 빛나고 있었어요. 순교자들의 목이 잘린 동산에서 목놓아 울었습니다.

 울다 지쳐 잠이 들면 영원히 먼 곳으로 떠날 수 있기를 기도해요. 어떤 감각도 없는 공간이 있다면 아마 그 공간이야말로 그 자체가 깨달음일 거예요. 슬프면 울어야지요. 울고 또 울다 보면 눈이 부어서 앞도 쳐다보기 힘들 거예요.

차라리 그렇게 울면 애써 웃었던 내 가식이 사라질까요. 수잔나, 당신을 만나기 전에 만났던 여인이 내게 했던 말이 떠오릅니다.

"나는 비 냄새가 좋아. 그래서 비가 좋아."

그 여인은 얼마나 비 같았는지요. 비가 오는 날에 그녀가 생각나듯이 비가 오지 않는 날에는 당신이 떠오릅니다.

비 냄새에서도 햇빛 냄새에서도 나는 나와 같은 냄새를 맡습니다. 그걸 사랑이라고 부를 수 없을지 몰라도 어떤 이유를 갖다 붙인 건지 몰라도 그것만이 나의 유일한 사랑입니다.

수잔나, 날 받아주지 않으시더라도 부디 언제 어디서나 행복하세요. 건강하세요.

내일은 비가 온답니다. 우산을 꼭 챙기시길 바랍니다.

평안을 빕니다.

그리고 이 서글픔이

 모든 방편의 사랑을 고려하지 않은 채 이야기하는 사람과의 대화가 슬픈 이유는 서로 최선의 사랑을 말하지만, 그 정도의 차이에 깊이나 넓이가 존재한다는 것이다.

 그보다 더 슬픈 건, 둘 중 한 명은 이해하기보다 이해받고 싶어 하기 때문에 시간이 흘러 이해하지 않는 이상 해결되지 않을 거라는 점이다. 사랑하는 방법에 최선이 있을까.

이미 사랑은 최선이다.

그러나 이별도 최선이기에, 인생은 서글플 뿐이다.

그리고 이 서글픔이 사랑과 이별뿐일까.

뒤처져 걷던 나의 마음에

 세상이 꿈을 이루기에 부적합하다는 생각이 들 때 현실을 만난다. 직시하는 순간부터 꿈보다는 살기 위해 살고 '할 수 있겠다.' 싶은 것만 찾는다. 포장과 껍데기가 삶의 만족도를 높여준다고 착각하면서, 그런 순간과 상황에 취하면서. 오래전 그날 만난 당신과 나는 '안 될 것'이라는 생각에 사로잡혀있었다. '할 수 있다.'라는 용기나 희망은 헛된 것이라고 자조하면서.

그러나 꿈을 이루기에 불합리했던 세계를 벗어나 아무것도 없는 빈 마음을 마주하면, 언젠가 꿈꾸었던 날을 씨앗처럼 심고 매일같이 물 줄 수 있다. 망설임 없이 차근차근 새로운 꿈을 키워가면서. 빈 땅에 꽃을 심으며 누군가의 미소를 떠올리던 지난날을 생각하면서. 나는 그 무엇보다 꾸준함을 믿는다. 매번 뒤처져 걷던 나의 마음에 '오늘도, 힘내'

그 작은 구멍을 채울 것을

 부모로부터 잘못된 사랑을 받았거나 부모의 부재를 트라우마로 간직하고 있는 사람이 내게서 제 부모의 모습을 찾으려 할 때마다 큰 두려움이 일었다. 심리학적으로는 전이라고 하던가. 그것이 무엇이든 간에. 부모의 사랑을 못 받았던지, 부모의 부재가 있었다고 해도 아직 그 생각에서 독립하지 못하고 그 대체를 다른 곳에서 찾는다면 이 현상은 아직도 부모에게서 정서적 독립이 이루어지지 않은 탓이다.

 그러나 순간마다 이런 이야기를 할 수는 없었다. 이것이 가장 큰 이유였기 때문인 것보다 또다시 상처가 될지도 모른다는 생각에. 전이를 받아들이지 않는 건 '공감하지 않는다.'가 아니라 '그 상황을 본질이 아닌 현상으로 받아들이겠다.'라는 것인데 대부분은 자신이 사랑을 받지 못하는 것으로 여겼다. 그 작은 구멍을 채울 것을 사랑이란 단어로 치환하기에는 사랑이 좀 더 큰 모습을 지녔음에도 불구하고 말이다.

나의 구멍은 그들에게 어떻게 비추어졌을까.

나는 그저 나의

하루를 일찍 시작하는 날은 그리움부터 맞이합니다. 동이 트기 전에 떠오르는 마음도 있습니다. 갈매기는 솟구칩니다. 이미 자유롭게 날며 사고하건만 나에게 화풀이하듯이 연신 부리를 흔듭니다. 솟구치는 눈물을 접어 뒷주머니에 넣어둔 채 나는 그저 나의 그리움에 관하여 생각합니다.

이제는 무엇이 그리운지도 모른 채 그리움을 그리워하는 중입니다. 삶의 짐을 모두 내려놓고 허위의 옷을 다 벗는 날이 오면 하루는 끝도 시작도 없겠지요. 네, 그런 날에는 마음에 밀물, 썰물도 없겠지요. 네, 연신 파도치는 바다를 떠나면 고요한 호숫가에 비친 하늘을 볼 날도 있겠지요.

네.

갈매기 한 마리 얼씬거리지 않는, 어느 슬픔도 기웃거리지 않는.

두드리면

 구로공단에서 아버지가 만들었다던 쌍안경. 그때는 유리를 손으로 두드리며 제품 검사를 했는데 모두 '손가락에서 피가 날 정도로 두드렸다.'라고 아버지는 말했다. 오늘은 '두드리넌 빌리 볼 수 있다.'라는 문장을 새겨둔다.

우리가 그들보다

 12월은 이상한 달이었어요. 제 책을 읽어준 독자분들이 위로되었다며 책방까지 찾아와주셨거든요. 여러분이 찾아와 주셔서 새벽이면 홀로 모아두었던 낙담을 창문 밖으로 던져버렸습니다. '내 글이 누군가에게 위로가 될 수도 있구나', '더 긍정적인 글을 써야겠구나' 생각하면서요.

세상에는 괴롭고 슬픈 일이 너무나 많고 저는 그런 일에만 눈길이 가는 사람이었습니다. 어떤 글에는 희망을 담으려 했지만 사실 큰 기대는 하지 않았어요. 그저 그렇게 쓰지 않으면 또다시 무너질 걸 알고 있었기 때문에 낙담과 기대를 양손에 쥐고서 약간은 거짓말을 했는지도 모릅니다.

12월 한 달 동안 너무 많은 일이 일어났기 때문에 혼란스럽기도 했지만, 시간이 지나고 보니 사람들은 내게 보이지 않는 손난로를 쥐여주고 간 것인지도 모르겠습니다. 이 온기로 언 손을 녹이고 내년에

는 따뜻한 글을 심겠습니다. 이런 말이 어떻게 들릴지 모르겠지만 조금 더 버티다 보면,

여러분처럼 따뜻한 사람들을 더 많이 마주치게 될 거예요. 우리가 그들보다 더 오래 버티다 보면.

눈길을 혼자 걸으며

   오늘은 오랜 친구들을 만나고 집으로 돌아간다. 어두운 길에 흰 눈이 밝다. 어떤 친구들은 동반자를 만나고 어떤 친구들은 자신의 길을 찾아 걷는다. 걷는다는 건 의미를 담기 이전에 이미 행위로 존재하고 어떤 방향이든 의지를 담는다. 발밑에 눈이 뽀독뽀독 밟힌다. 우린 걷는다.

흐르고 피고 흐드러지고

 상경한 아버지의 첫겨울을 상상한다. 고향과 다른 온도. 보기 어렵던 눈이 쌓이는 도시. 어리숙한 20대 청년에게 사기를 치던 사람들. 한껏 멋을 부린 장발의 사내들과 뾰족구두를 신은 아가씨들. 그 인파를 헤치고 들어가는 골목길. 쌓인 연탄재와 콧물 흘리는 아이들. 담배처럼 입김을 피우던 학생들. 작은방에 누우면 언 눈이 녹아 흐르고 흐르고.

 온기 가득한 방에서 상상하는 고향의 봄, 여름, 가을, 그리고 겨울. 마을 앞에는 강이 흐르고, 선산에는 진달래가 피고, 절터와 서원 터에는 잡초가 흐드러지고. 그렇게 고향은 흐르고 피고 흐드러지고.

이유 없이 그저, 보고 싶어서

친구가 세상을 떠난 지 7년째. 며칠 전에는 처음으로 내 꿈에서 만났다. 그 시절 함께 어울리던 친구들과 그때처럼 떠들며 노는 꿈이었다. 바쁘다는 핑계로, 삶이 녹록지 않아서, 우리는 우리가 아닌 채 7년을 보냈다. 시간은 쉽게 흐르고, 하루를 어렵게 버티다 보니 '또 보자'라는 말이 가끔은 미안하기도 어색하기도 하다. '밥 한 끼 하자'라는 말도 괜히 불편하게 하는 것은 아닐까 걱정이 되기도 한다.

그렇게 올해도 12월은 왔다. 괜찮아, 올해 못 보면 내년에는 꼭 보자. 나는 내가 좋아하는 가사를 읊조리고 있을게. '다시 만날 날이 있겠죠, 그땐 나를 안아줘요.' 7년이 지나도, 꿈에서 만나도, 오랜만에 보더라도 따뜻한 포옹으로 이 겨울은 쉽게 지나쳐버리자. 그냥, 아무 생각 없이 재미있게 놀다 보면 땀도 나고 웃음도 날 거야. '언제 밥 한번 같이 먹자.'라는 말은 알잖아. 핑계라는 걸.

이유 없이 그저, 보고 싶어서 그래.

또 만나. 또 놀자. 또 와. 내 꿈에.

슬픔의 다른 이름

절망의 단어로 희망을, 이별의 낱말로 사랑을, 결국 쓰지 않으면 내일은 오지 않았다. 물이 빠지면 갯벌에 무엇이 남는가.

하늘의 색이 변할 때마다 더욱 빛나는 건 별과 구름뿐이던가. 술잔에 슬픔을 따라 둔다. 우리는 슬픔의 다른 이름을 외친다.

건배. 짠. 위하여.

내 걸음걸이를 보며

 친구네 부부와 식사를 했다. 내가 겪어보지 못한 먼일들 속에서 하나둘 이뤄가는 모습이 밤하늘에 별을 세는 모습처럼 차분했다. 어른이 된다는 건 둘 이상이 되는 것에 두려움이 없는 게 아닐까.

 음, 아닐지도 모른다. 하지만 보폭을 맞춰 사는 모습을 보는 건 즐거웠다. 집으로 돌아오는 길. 내 걸음걸이를 보며 천천히 걸어왔다.

자기 자신을 믿는 사람은

어느 날 술자리에서 "나는 사람을 믿지 않는다."라고 말했다. 이 말은 반어적이기도 하지만 모순적이기도 한 발언이었다. 그러나, 진심이기도 했고. 되도록 대가 없이 주고, 받으려 하지 않는다. 참된 선의란 무엇을 기대하지 않는 마음이라 생각하기 때문에. 하지만 일말의 기대가 낙담을 만들고 겨울이 올 때마다 움츠러들게 한다. 믿음이란 인간에게 깃들 수 있는가. 나는 흔들리지 않는 사람을 본 적이 많지 않다. 믿음이 있다면 흔들리지 않으리라 본다.

누가 뭐라고 한다고 해서 믿음이 흔들리거나, 사람이 흔들린다면 그건 겨울이 잔인한 계절인 탓일 것이다. 사람을 믿을 수는 없겠지만, 믿음이 사람을 굳건하게 하리라 여긴다. 자기 자신을 믿는 사람은 말 따위에, 그 어느 것 따위에 흔들리지 않으리라. 나는 좀 더 천천히 계절을 만나고 싶다. 친구를 만나 이야기를 나누고 집으로 돌아오는 길에 노래를 부르고 식물들에 물을 주고. 빗소리를 들으면서. 춤을 추면서. 기댈 곳 없는 내게 기대는 이 무수한 언어에 편히 누울 자리를 마련하면서. 느릿느릿. 천천히. 침착하게.

사라지지 않는 한 멈추지 않을

파도는 거대한 질서를 노래한다. 저 끝에서 밀려와 해변을 쓰다듬는다. 스미지 않는 곳 없는 위로가 끊임없이 오고 또 오고. 바다가 사라지지 않는 한 멈추지 않을 격려가 슬픔을 깎아내고 외로움을 가루 낸다. 코끝이 벌겋게 익을 때까지 파도 소리를 들었다. 고개를 파묻고 듣는 것에만 집중하는 사이. 파도가 와서 내 얼굴을 보고 갔다. 입술에 튄 바닷물이 짰다.

그 위로

 도시를 처음 만나면 둘레를 크게 걷는다. 큰길을 걸으면 사이로 보이는 작은 길이 눈에 익는다. 익혀 둔 길은 해를 넘겨 다시 걸어도 쉬이 바뀌지 않는다. 사람이 가는 길은 대부분 그렇게 무르익은 길.

 비포장도로에 보도블록이나 아스팔트가 깔려 있으면 길은 더 걷기 쉬워진다. 이전의 정취가 사라졌더라도 맞이할 부분이 있는 사람에게는 새삼 고마운.

움푹 팬 곳에 물이 고인다.

 햇살이 내리고 그늘이 쉬어가는 동안 굳어지는 땅처럼, 그 위로 어떤 사람이든 설 수 있게 하는 유연함이 걷는 사람의 신발 밑창에 묻어나기를.

꺼져가는 동안에 다시

 비 오는 날, 숨을 크게 들이쉬면 성냥에 불붙일 때 나는 냄새가 나요. 이런 날엔 흠뻑 젖어서 꺼져가는 것도 있으리라고 믿어요. 옛날 사람들은 사람이 죽으면 별이 된다고 믿었다는데 나는 나무가 될 거로 생각합니다.

저 멀리 보이지 않는 곳에 기대하는 마음도 이해가 가지 않는 것은 아니지만 가까운 곳에 기대어 쉬는 것도 나쁘지 않다고 여겨요. 잎사귀는 평생 내쉬었던 숨 같고 잎이 마르는 건지나 보낸 하루를 후회하는 마음 같아서 괜스레 나무를 매만집니다.

아침에 널어둔 빨래는 모두 젖었겠지요. 비가 오는 날에는 한참을 돌아 집으로 갑니다. 곳곳에 뿌리를 내린 나무를 보면서요. 터를 잡고 가지를 뻗는 모습이 얼핏 사람처럼 보여서 가만히 나를 내려보는 것 같아서 발걸음을 재촉해봅니다.

신발이 젖고 웃옷이 젖어서 몸도 마음도 무겁지만 꺼지지 않는 이 무언가가 꺼지면 언젠가 나무가 되겠지요. 나무가 되어서도 꺼지지 않는 무언가가 있다면 비 오는 날, 숨을 크게 들이마시는 사람에게 불꽃의 향기를 선물할 날도 오겠지요.

꺼져가는 동안에 다시 타오르는 것도 있으리라 믿어요.

대화가 없는 먼 곳

 익숙함을 견딜 수 없다. 우리는 서로를 변화시키려 들고 그 괴로움으로부터 도피하려 이별한다. 표정과 말투, 행동과 말에서 익숙한 태도를 만날 때. 이제는 안도감보다는 멀리 도망치고 싶은 기분만 들어서, 그렇다고 솔직한 말을 늘어놓으면 누군가 상처를 받아서, 그러다 보면 병드는 건 우리 모두여서 대화가 없는 먼 곳을 걸었다. 걷는 건 익숙한 습관이었지만 이전과 다른 길을 홀로 걷는 건 새로운 법칙을 만들어내는 수학자의 태도와 같았다. 종이를 찢고 또 찢는 동안, 매번 다른 바람이 부는 하루였다.

우리가 사는 마을

 그럼에도 불구하고 밤을 비추는 문장이 있다. 늦은 밤, 홀로 어둠으로 들어가 골목의 가로등을 켜는 사람. 언젠가 술에 취해 집으로 돌아가던 야밤에 밖으로 나와 눈을 쓸던 사람. 추위에 떠는 사람의 손을 꼬옥 잡아주면서 장갑을 빗어주던 사람.

 새벽이 내게 주는 유일한 위안이 이미지에 속한 정념만은 아니다. 산 정상에 오르면 그제야 눈에 들어오는 우리가 사는 마을, 그곳까지 갈 수 있도록 하는 독려와 친구의 마을로 함께 떠날 수 있는 용기. 서로의 눈빛이 앞날의 등불이 되는 희망.

마음은 그대로 마음이어서

 마음은 쓰는 자의 것이 아니라 받는 자의 것. 마음은 머무르지 않고 방향을 둔다. 흐르지만 고이지 않는 곳으로 가면 흩어진다. 쓰임이 있을 때는 달지만 없을 때는 쓰다. 받는 자의 성품에 따라 마음은 보석처럼 매일 닦이기도, 부치지 못한 편지처럼 갈기갈기 찢기기도 한다.

마음은 쓰는 자의 것이 아니라 받는 자의 것. 쓰고 받음이 인간사에 어떤 영향을 끼쳐왔는지 전부 파악할 수는 없지만 쓰는 자와 받는 자가 어떻게 마음을 사용해왔는지는 어렴풋이 알고 있다. 그리고 닦고 닦아서 반질거리는 대청마루에 신선이 되려던 자들이 꿈꾸던 무릉도원이 숨어있다는 것도, 온몸을 찢긴 듯한 기분으로 사는 이들이 추억을 기워가며 사는 것도.

마음이 그대로 마음이어서 온전하던 때를 떠올린다. 아무런 말 없이 어깨를 두드리던 용문사의 노란 은

행잎과 그날의 기분, 찬 공기. 그리고 생각 없이 슬며시, 세상을 감아보던 나의 두 눈을.

딱 이 정도로만

 자주 손톱을 깎는다. 날카로운 마음이 생겨서 무엇을 할퀼지도 모른다면서. 허공에 손가락을 펴본다. 허공을 할퀴며 주먹을 쥐어본다. '그 무엇도 해치지 말아야지' 다짐하면서도 나 자신에게 준 상처들이 울긋불긋 솟았다.

 해가 지고 달이 져도 지지 않는 마음이 있다. 그리고 그 마음에 지지 않으려고, 짧지도 길지도 않게 깎은 내 손톱. 언제나 자라지만 과하지도 덜하지도 않은 딱 이 정도로만 기쁘거나 슬프고 싶은 건 욕심일까.

 겨울에는 손에 장갑을 끼고 혼자 여행을 가려 한다.

존재는 그렇게나 소중한

침묵이 금이라면 말은 무엇이어야 할까. 입술의 표정이거나 혀의 춤사위, 그 어떤 아름다운 것이어야 할 텐데 나는 요즘 떠다니는 말을 보며 허공이 비어 있지만, 가득 차 있다는 느낌을 받는다. 모두 다 부질없지만, 그로 인해 가치 있는, 당신이라는 존재는 그렇게나 소중한 여백이고 채움이다. 곧 코스모스가 필 것이다.

3부

당신이라는 길에 서서

'믿음으로 바탕을 칠한 과거는 얼마나 불손하였나.'

나의 믿음이 진실이라고 여기던 마음은 검게 탄 쑥색. 바탕이 근거가 되어 우리는 이유를 찾아 헤맨다. 과거는 새롭지 않은 이야기를 신작 소설처럼 꾸며내고, 나는 우리를 우리라고 부르며 우리라고 부르지 못하는 사람들과 하루를 난다.

'지금부터 말하는 모든 말은 사랑에 관한 것입니다.'

공언한 결심이 무색한 순간이 오면 눈앞에 있는 사람 따위는 중요치 않다는 듯이 행동한다. 행위에 불과한 몸짓이 이 무더운 날에도 춥다. 나는 내가 가엾고, 나를 어떻게든 여기는 당신이 가엾고, 가엾게 가물어가는 우리 시간이 한없이 가엾고.

'이게 다 무슨 소용인가 싶어. 눈을 감으면 떠오르는 당신.'

앞으로 없을 감정이 고인 물처럼 썩고 악취처럼 느껴져도 그 속에 양손을 넣어 물을 퍼 올리는 나. 세수하며 온몸에 검고 냄새나는 물을 뒤집어쓰는 나. 언젠가부터 나의 바탕에 당신이 가득 찬 걸까. 내 인생에 빽빽한 당신을 향한 믿음은,

'어디서 오고 어디로 가는가. 나는 왜 그 길을 따라 걷는가.'

함께 있지만 다른 공간에서

 정답은 바뀐다. 그리고 발견의 아름다움은 모든 것이 변화할 수 있다는 가능성에 있다. 답은 순간에만 유효하고 정지하며, 만고불변의 진리는 가능성을 향한 방향에 있다. 시간은 다르게 흐른다. 그 흐름의 다름에서 각자의 깨달음의 길이 열린다. 함께 있지만 다른 공간에서 살 수밖에 없는 만남과 이별은 그렇게 존재한다.

인간이란 그저 살 뿐

 그 모순이 그를 살아가게 하는 원동력이라고 생각하니 누군가를 미워하는 마음이 사라졌다. 제각기 자신의 모순을 들키지 않으려 언어를 이용하지만, 모순을 인정하고 솔직한 언어를 쓸 때무러 신성 내화가 가능하다.

인간의 강박과 히스테리가 대화에 도달하는 시간을 더디게 하지만, 결국 한 마디도 나누지 못한 채 서로 없는 사람처럼 살기도 하지만, 어쩌면 애초부터 그럴 필요도 이유도 없었을지 모른다. 인간이란 그저 살 뿐.

신이 압수해둔 영혼을 되찾으러 갈 때까지.

그저 살 뿐이다.

고민은 접어두고

 연거푸 커피를 마시고 끊임없이 고쳐온 글을 다시 읽었다. 부끄러움보다 두려움이 이는 묶음. 최대한 포즈 없이 밀고 가려 노력했지만 어쩐지 이미 자세를 잡아놓은 것 같아 나는 나 자신이 떨떠름하다. 욕망은 언제나 비 갠 오후의 지렁이처럼 제 몸을 뻣뻣하게 말린다.

 골조의 문제와 포장의 문제, 시간의 문제가 난무한다. 생각은 생각과 대립하고 나는 나를 매립한다. 어떤 이들은 타인을 대하는 방식으로 자신감과 자존감을 높인다. 자본가들이 건물을 올리는 방식과 같다.

 내가 쓴 글이 그들과 같지 않길 바라면서 언젠가부터는 남에 관한 글은 쓰지 않으려 노력했다. 하얀 종이를 펼치고 너른 내 땅에 나의 탑을 쌓는다. 높지 않아도 단단하지 않아도 좋다.

 아무렴 어떻든 좋은 것이다. 이제는 그런 것보다

내 탑이 나와 하나가 되는 순간만이 중요하므로. 하나가 된다는 건 이제 나에겐 그런 의미이므로. 고민은 접어두고 책을 만들자. 누군가 나 대신 고민을 펼쳐줄 것이다.

우리는 무엇을 그렇게

 모두가 어른이 되려는 도시에 살아 본 적 있나요. 완성으로 향하는 길은 해체이거나 나약함이거나. 눈에 보이지 않는 송곳니를 길게 드러내고 찌르려는 들짐승. 몸을 피해 멀리 두고 보면 덧니뿐인데 우리는 무엇을 그렇게 두려워했나요. 모든 건 비어있으므로 넘쳐 흐르는데.

그 후

 말은 실체를 찾고 말은 실체가 없다. 믿음은 실체를 찾고 믿음은 실체가 없다. 사랑은 실체를 찾고 사랑은 실체가 없다. 실체란 말처럼, 믿음처럼, 사랑처럼, 내리는 비처럼 언젠가 사라실시도 모글 일이다.

 영화 한 편이 실체의 장송곡처럼 들린다. 그 후에 남을 것은 무엇인가. 느낄 것을 찾는 비가 천둥과 번개를 동반하고 하염없이 쏟아진다. 첨벙첨벙. 신발은 젖고. 언젠가 마르고 사라질 비가 사라진 그 후,

무엇을 떠올릴 수 있을까.

그래도 비는 무언가를

　이어폰을 귀에 꽂고 적당한 볼륨을 맞춘다. 소리는 적당하다고 부를 완벽한 단어가 존재하지 않는 체계이니까 적당한 볼륨이란 순전히 감일 뿐이다. 나무가 바람에 흔들리는 소리와 한복을 입은 사람들이 치맛자락을 붙잡는 소리가 이어폰에서 나오는 노랫소리와 얼추 조화를 이룰 정도. 딱 그 정도로 소리를 맞추고 걷는다. 귀에 무리가 가지 않는 선에서 어떤 장르의 음악이든 잔잔하게 듣는다. 듣고 싶은 음악은 많지만 계속 무언가를 듣는 건 귀에 부담을 주는 것이 사실이다.

　하루에도 수많은 사람의 목소리를 듣는다. 대부분 수용하려 노력하지만, 인간의 욕심이 노랫소리보다 커지는 모습을 지켜보는 일은 괴롭다. 경쾌한 걸음을 무뎌지게 만드는 욕망의 처절한 진부함. 나는 뜨거워진 머리를 식히려고 비 오는 거리를 걸었다. 청와대로 가는 길에는 높은 가로수가 흔들리고 누군가 사진을 찍고 또 그 누군가 피켓을 들고 호소를 하고 있었다. 구름이 모여들고 비가 쏟아졌다. 커피를 마시고 영화를 보려던 일정이 모두 취소되는 순간이었다.

비를 맞으며 걷다가 버스에 오르고 나처럼 비를 흠뻑 맞은 사람이 없다는 걸 알았다. 부끄럽게도 날씨를 확인하지 않고 길을 나선 건 나뿐인 듯했다. 잠시 비를 피하러 들어갔던 약국에서 산 모기약이 가방 속에서 덜그럭거렸다. 어느덧 퇴근 시간인지라 집으로 돌아오는 길이 늘어졌다. 음악을 듣고 있지 않았지만, 조금이라도 더 소리를 막아누르려고 이어폰을 빼지는 않았다. 버스에서 내려 다시 비를 맞기 시작했다. 일부러 처량해지려던 건 아니었는데 비 맞은 생쥐가 되었다.

따듯한 물로 목욕을 마치고 우동을 먹었다. 만들어 먹었다고 말하기엔 하찮게 느껴지는 인스턴트 우동. 몸이 조금 풀리는 듯했다. 스르륵 잠이 들었다가 아까 산 모기향을 피웠다. 연기가 모락모락 나고 특유의 향이 방을 가득 채웠다. 숨어있던 벌레들이 하나 둘 모습을 보이고 나는 창밖에 고급주택을 바라보며 담배를 피웠다. 읽으려던 책은 며칠째 머리맡 그 자리에 있다. 익숙한 모습. 어렵게 만들지 않아도 쉽게 부서지는 하루. 그래도 비는 무언가를 씻어주었을 것이다.

탄생하기도 전에 소멸하는 웃음

　코미디언 이주일 씨가 돌아가시던 날, 일기를 썼다. 나는 그의 코미디에 익숙한 세대가 아니었건만 괜스레 눈물이 났다. 나이를 한살 두살 먹어 가면서 나이가 듦에도 웃으며 사는 건 어려운 일이라는 걸 알았다. 자신을 내려놓아야 할 수 있는 직업이 희극인이라는 것도 알게 되었다.

　언젠가부터 그들의 포즈에 관대해졌지만, 일상생활에서는 그렇지 않았다. 우리는 웃기려고 사는 게 아니었으니까. 의도치 않게 웃기고 있는 모습을 보며 "코미디언이 꿈이야?"라는 말도 퍼붓게 되었다. 그럴수록 슬픈 건 우리였고 브라운관 속 희극인들은 항상 웃고 있었다.

　어렴풋이 그들의 삶도 괴롭다고 들었지만 그들의 모든 걸 알 수도 없는 노릇이었다. 한 명의 코미디언이 세상을 등지면 얼마나 많은 웃음이 사라지는 걸까. 탄생하기도 전에 소멸하는 웃음. 코미디언이 먼

길을 떠나는 건 여전히 아쉽다. 미소를 지우며 나를 보낸 그 모습처럼 처량한 것이 또 있을까.

내일부터의 하루는 당신에게

 선풍기가 돌아가고 빨래 돌아가는 소리가 겹친다. 창밖으로 쌩쌩 달리는 자동차 소리와 부군당 지붕에서 지저귀는 새들의 소리도 쌓인다. 나는 아무 말 없이 쓰려고 했던 글을 떠올리고 지금까지 썼던 글을 떠올린다.

 오늘까지의 삶이 변명이었다면 내일부터의 하루는 당신에게 보여주고 싶던 모든 것을 쓰는 날이어야 할 텐데. 젖은 머리 위로 오늘을 정리하는 햇빛이 떨어지고 나는 그저 우스운 소리로 구멍을 깁고 싶다.

웃어넘기면 그만일 고민.

알아서 오고 간 모든 것들을 위한

　출판사들은 먼저 연락해놓고 답장을 주지 않는다. 기다림은 여름의 정오 같아서 머리 위에 태양을 이고 있는 기분이 든다. 어제 아래는 사람들의 고민을 듣다가 새벽이 되어 집에 돌아왔다.

　이야기는 쌓이고 나는 쌓아두었던 이야기 몇 가지를 아버지에게 들려드렸다. 항상 돌아오는 답은 "너 알아서 하렴" 아침도 낮도 밤도 새벽도 알아서 왔다. 알아서 오고 간 모든 것들을 위한 건배.

이 세상의 온도를 조절하는

얼굴을 떠올리면 찡그린 표정이 떠오르는 사람이 있는 반면에 티 없이 맑게 웃는 얼굴만 떠오르는 사람도 있다. 그러나 그렇게 선명한 입꼬리를 가졌던 사람도 시간이 지나 세상에 불쾌함만을 드러내며 살아가는 시대가 와버렸다.

다소 신경질적인 짜증으로 가득했던 내 어린 날에서 벗어나게 된 건 그 미소 때문이기도 했는데, 그 사람과 나 개개인의 삶은 그전보다 풍요로워졌지만 어쩐지 볼품없어진 건 왜일까.

인생을 유쾌하게 받아들이지 못하고 상쾌한 분위기를 찾아 헤매는 하루. 그 무엇보다 그게 아니면 살아가지 못하는 가여운 인간의 삶, 인생. 나는 여전히 과거에 살지만 그게 또 다른 미래로 나를 데리고 가준다는 걸 안다.

갈구하던 순간은 그저 꿈이라는걸, 그래도 그 꿈이

만든 한숨이 이 세상의 온도를 조절하는 순리 같은 것이라는걸.

그래도 올 거야

 자신의 존엄성을 지키면서 행복하길 바라는 꿈은 그저 꿈일 뿐인가. 그래도 올 거야. 파도가 치고 바위틈에 숨겨놓았던 향기가 코끝을 간질이는 날이 분명히, 올 거야.

갈라지는 것들을 우리는

 스무 가지의 빛이 있으면 우리는 몇 가지 빛을 볼 수 있을까. 몇 가지의 기분과 몇 가지의 감정과 그렇게 뻗어 가는 가지는 올곧은가. 갈라지는 것들을 우리는 무엇이라 해야 옳은가.

가득한 절망을 몰아내고

 최근 몇 년 동안 누군가 내게 그 어떤 것을 물어도 그저 웃어넘겼다. 사람들은 설명을 해줘도 듣지 않았기 때문에 반쯤은 포기하고 반쯤은 절망한 마음으로 말을 삼켰다.

내 기대와는 다르게 세상에는 악의를 품고 살아가는 사람도 있었고 고의가 아니지만, 최악의 행동을 선보이는 사람도 있었다. 그게 어느 날엔 나이기도, 내가 사랑했던 사람이기도 했다.

언젠가부터 그런 일들이 자연스러워졌고 그게 당연한 듯이 사회도 굴러갔다. 하지만 사람들에게는 각자의 빛깔이 있어서 어우러지고 흐드러져야만, 세상이라는 색을 띤다. 산에 드는 단풍은 작은 나무 홀로 할 수 없는 일이다.

나는 혼자 인파 속에 숨어서 세상을 바라본 적이 있다. 뚜렷해지기 위해서 남을 밟고 올라서야만 만족

하는 사람들, 믿음을 실천하기 위해서 작은 선은 쉽게 무시하는 사람들, 남에게 상처를 주고도 웃는 사람들, 고작 100년 안짝의 지식으로 시작과 끝을 알 수 없는 인간을 규정하던 사람들.

다만 오늘은 어제처럼 웃어넘긴 것이 아니라, 집어삼키고 참는 것이 아니라, 웃으며 설명할 수 있는 내가 되기를. 점과 선과 면에 빠지지 않고, 빈터에 가득한 절망을 몰아내고, 온기를 전할 수 있기를.

고마웠다는 말 적어둔

 나무가 모이면 숲의 파도가 철썩 또 철썩. 뿌리를 내리고 나무가 되면 그늘을 만들어 두자. 바위에 부딪히는 낙엽처럼 사뿐사뿐 걸으며, 바람이 오면 고마웠다는 말 적어둔 편지도 보내고. 그런 일들이 반복, 번복. 이 숲에 이렇게도 많은 파도와 파도 소리가. 내 눈에는 내 귀에는. 아직도 잡히지 않는 푸른 손이.

노무현 대통령 8주기 봉하마을

 곱게 쪽 찐 머리의 할머니가 '임을 향한 행진곡' 제창 내내 우셨다. 바로 뒤에 서 있던 나는 평소보다 더 크게 더 힘차게 불렀다. 눈물을 닦아줄 손수건이 될 수 없으니까. 요즘은 어떤 행동이 의미 있는지 생각한다. 나는 손수건이 될 수 없으니까.

해가 저서 어둑어둑하다.

누군가 건너갈 다리가 될 수 있다면

 작은 돌멩이를 주워 던진다. 깊이를 가늠하는 사람과 수면만 바라보는 사람의 차이는 돌을 손에 쥐었을 때 여실히 드러난다. 퐁당 빠뜨리거나 물수제비를 뜨거나 애꿎은 돌만 매만지는 사람들.

바닥에는 차곡차곡 돌이 쌓인다. 말도 돌처럼 쌓이고 가라앉는다. 어떤 말은 바위만큼 무거워서 마음도 무겁게 하고 사람도 축 처지게 만든다. 깊이도, 넓이도, 온도도 알지 못하는. 사람은, 물.

말을 매만지다가 어느 섬에서 주워온 돌을 집어 든다. 세월만이 돌을 알 테지만 돌의 세월은 알 길이 없다. 죄 있는 자들도 돌을 던지고 말을 던진다. 강물 위로 물무늬가 퍼진다. 멀리 의지만 닿는다.

저 건너에 무엇이 있는지 아무도 모른다. 알기 위해서 빠지고 젖는 동안 강바닥에 돌은 힘차게 구를지도 모른다. 우리는 모르는 걸 안다고 말하고 아는 건 모른다고 말한다. 강을 건널 방법은 없는 걸까.

돌을 던진다. 말을 건넨다. 쌓이고 쌓여서 돌다리가 되라고. 말도 다리가 되리라 기대하면서. 그 어느 것도 가늠할 수 없으니 삶을 바쳐 쌓는다. 누군가 건너갈 다리가 될 수 있다면, 그럴 수 있다면.

무너지지 않겠다는 다짐이 무색하게. 매일 쓰러져 잠드는 사람들. 아침은 언제나 노크하듯 볕을 내보인다. 단단한 눈꺼풀을 들어 올리면 이미 오늘. 오늘도 내일을 향한 다리를 만든다. 차곡차곡 하루.

차근차근히 하나, 둘. 숨을 심어 꿈을 삼는다.

식물들에 물을 주면서

 강아지나 고양이는 혼자 두면 외로워할까 봐 키우지 못하겠고, 어떤 마음도 기분도 나지 않는 날들. 새잎이 돋아난 식물들에 물을 주면서 그 언젠가 누군가에게 미안해해야지, 이제 그 어떤 것도 미안하지 않지만.

또다시 생각

 주는 사람과 받는 사람 중 누가 더 이기적인 걸까. 왜 주기만 했냐는 질문에 밤낮으로 고민을 한다. 나는 주는 사람이나 받는 사람이 그저 이기적인 것이 아니라 주는 마음과 받는 마음이 어떤지, 그걸 받아들이는 마음은 어떤지, 그걸 어떻게 바라보는지에 따라 다를 거라는 생각을 한다. 그리고 마음이 받아들여지지 않았을 때는 또다시 생각에 젖어 들 수밖에.

밤새도록 보고 싶은

 좋은 음악과 책이 아무런 위로도 되지 않는 날에는 빨래하면서 바쁜 척을 합시다. 밀렸던 청소도 하고요. 샤워하면서 엉뚱한 상상을 늘어놓고요.

한 사람의 인생은 꼭 신의 실험 같습니다. 타인과 어울려 살아가면서 수많은 시험을 치르죠. 그 점수는 자신만 알고 이해는 평생이 걸리는 시험이요.

사람이 죽으면 괜히 다른 사람이 미워집니다. 아무렇지 않게 증오를 내뱉는 사람들이 아름다운 예술을, 인간의 사상을 타락시켰습니다. 네, 그들이요.

오늘은 달이 참 밝습니다. 달이 밝은 까닭은 오늘 떠난 그이의 길을 비추어주려는 까닭이겠지요. 쓸쓸히 길을 걷지 않도록 저 달빛이 손잡아 주겠지요.

어두운 날에는 하늘도 질끈 눈을 감았습니다. 슬퍼서 펑펑 울던 날도 있었습니다. 눈물도 말라버리라고 그리 뜨거웠던 여름날도 우리에겐 있었습니다.

이제 와 생각해보니 그 모든 것이 우리의 인생을 규명하는 일이었습니다. 하지만 우리에게는 또다시 지루한 하루가 계속될 테지요. 미룰 틈조차 없이요.

남을 것 없는 책을 읽고 한 번 듣고 잊을 노래를 듣습니다. 빨래도 청소도 미뤄놓고 밤새도록 보고 싶은 얼굴이 있습니다. 어쩌면 오늘 꿈을 꾸겠지요.

어른들의 점잖음

 상처받지 않으려 먼저 말을 꺼내지 않고, 상대방의 뻔한 이기심에도 쉽게 낙담하는, 어른들의 점잖음이란 그토록 외로운 것이었나.

누군가에게 곱고 고운 길을

 친구와 식사를 하고 집으로 돌아가는 버스 안. 막힘없이 술술 달립니다. 양옆으로 늘어선 은행나무가 온몸을 떨며, 지난 계절을 아낌없이 덜어내고요. 그래요, 햇볕이 적은 겨울에는 잎이 적어야 살 수 있다지요. 나는 내 잎이 조금이라도 적어졌으면 좋겠다고 생각합니다.

오늘은 김관식 시인의 '이 가을에'라는 시를 읽었어요. 시인은 아마도 구양수의 '추성부'를 읽고 시를 썼겠지요. 내일을 준비하며 살자던 오늘의 이야기는 겨울을 준비하는 저 나무처럼 보입니다. 덜어낼 것은 덜어내면서 금빛 피날레를 선사하는 저 나무처럼요.

누군가에게 곱고 고운 길을 깔아줄 수 있어야겠습니다. 어제를 노릇노릇 구워서요. 밟으면 바스락 소리 날 수 있게요. 가을 소리를 떠올리면서, 김관식 시인이 시인의 마을을 만들었다던 홍은동으로 갑니다. 막힘없이 술술 달립니다. 어째서 내가 겨울이 두렵겠어요.

문제가 잘못된 것 같은데요

 즐겨 찾던 블로거들의 블로그를 들어가 본다. 모두 글을 내리거나 멈추었다. 삶이 그만큼 고단했을까 생각하다가, 삶이 너무나 행복해서 블로그 따위 신경 쓸 겨를이 없으리라 여겨본다.

 SNS가 많아진 이후로 블로그에 글을 쓰는 일이 줄어들었다. 페이스북이나 인스타그램이 더 빠른 소통을 만들어주었지만, 블로그에서처럼 느리지만 정겨운 만남이 필요하다는 생각도 든다.

 글들을 정리하고 다시 열심히 해보자는 다짐을 한다. 게을러진 나에게 내려줄 채찍이란 것이 이 정도밖에 되지 않는다. 요즘은 시를 쓰는 것도 글을 쓰는 것도 사람을 만나는 것도 버겁다.

 술도 전처럼 마시지 않는다. 빚은 첫눈처럼 폭폭 쌓여가고 돈벌이는 정답이 없어 선생님을 찾는다.

"뭔가, 문제가 잘못된 것 같은데요."

 아무도 대답하지 않는다.

'아, 어쩔 수 없나.'

우울의 끝을 향한 실험

 어쩌면 내가 쓰고 있는 글은 우울의 끝을 향한 실험일지도 모른다. 어떤 이는 내 글을 보고 고독의 크기를 상상할지도 모르지만, 아무도 보지 못한 우주란 가늠하는 것이 아니라 그저 하나가 될 따름이다. 크기와 무게를 재고 싶어 하는 사람들의 빈손이 나를 노린다. 그러나 경험해보지 못한 것에 대한 착각, 또는 오만이 부르는 것은 결국 자신의 크기와 무게의 증명일 뿐이다.

 나를 당신이라 바꿔 읽어도 좋다. 그리고 여전히 나는 당신의 고독을 상상할 수 없다.

항해

있는 그대로를 받아들인다는 것은 어려운 일이다. 우리는 항상 자신을 번뇌하는 데다가 상대방을 의심하기 때문이다. 존재를 온전히 받아들이는 일이란 자기 자신을 솔직하게 바라보는 일. 그대로의 세계가 옳은 방향으로 돌아간다고 생각하지는 않지만, 방향키를 잡고 운전하고 있는 건 언제나 자신일 뿐이다. 그렇게 배는 환경을 맞닥뜨리며 앞으로 나아간다. 무거운 닻을 매달고, 돛을 올려 바람을 맞으며. 점진, 전진.

그런 사람들과는 되도록

벌써 몇 번째 글을 썼다 지운다. 주제를 잡고 이야기를 풀어나가다 보면 좀 더 솔직한 글이 없을까 고민하게 된다. 바닥에 떨어진 먼지를 훔치고 방을 정리해봐도 정신을 차릴 수 없다. 커피를 마시고 나면 좀 괜찮아질까.

요즘 먹는 피부과 약 때문에 우울증이 심해졌다. 식은땀을 흘리다 눈을 감는다. 아니, 오늘은 쓰려고 했던 글을 써야겠다. 사람들이 지겹게 묻는 이야기에 대한 대답. 꺼내어 놓을 때마다 부끄러운 이야기를.

거창한 이야기가 있다면 좋겠지만 사람 사는 이야기가 굳이 거창할 필요가 있을까. 우리는 자연스러운 이야기를 놀랍게 반응하는 경향이 있다. 남몰래 눈을 감는다. '어떤 모습이어야 한다.'는 말에는 말문이 막힌다.

자신이 바라는 바에 남을 껴맞추려 애쓰고 있다는 걸 모른다. 필요에 의해 말하고 이용하기 위해 말하는 사람들도 있다. 그런 사람들과는 되도록 말을 섞지 않는 것이 좋다. 바뀌었을 거라 기대하지만 언제나 바뀌지 않는다.

눈을 감는다. 혹여 남에게 상처를 줄까 고민하다가 밤을 새운다. 손에 잡히지 않는 밤을 새우려니 허무하다. 사실 오만 걱정하지 말고 질러버리면 될 일이지만 똑같은 사람이 되고 싶지 않다.

나는 나다. 내 인생은 내 것이다. 더뎌도 내 인생은 내 방식대로 내 뜻대로 가고 싶다. 눈을 감고 어둠 속을 달리고 싶다.

눈을 감는다.

유난히 하늘이 예쁜 날

고개 숙인 채 걷던 사람들이 하늘을 올려다본다. 늘어진 어깨도 한 번쯤은 쫙 펴지는 순간. 멋쩍은 미소를 지으면서 한참을 바라보다가 다시 걷는다. 고개 숙인 채 걷던 사람들이, 힐끔힐끔 하늘을 올려다보면서. 움츠렸던 어깨를 펴고 걸으면서. 웃으면서.

오늘은 그 모습을 한참 바라보았다.

마음은 언제나 마음

 창문 밑, 바닥은 밤새 몰아친 비에 젖었다. 방도 숨을 쉬어야 하니까 찔끔 열어두었을 뿐인데 물로 흥건해졌다 바닥을 걸레로 훔치면서 문을 굳게 닫지도, 활짝 열어두지도 못하는 나를 원망한다. 아무런 말 없이 지나간 하루를 떠올리면서, 화분에 조용히 자란 잡초를 뽑아두면서. 마음은 언제나 마음 같지 않지, 마음은 같지 않지... 자조하면서. 마음을 읊조리면서.

더 피곤해져야지

잘못 살고 있다는 생각을 지울 수 없다. 매번 반복되는 무력함을 벗어날 수 없다. 또 밤이 오고 입에 젖은 담배를 문다. 지겹게 돌아가는 하루. 어른들은 내게 승리욕이 없다고 말해왔지만 나는 싸우고 싶지 않다.

이기고 지는 것이 명쾌하다고 생각하지 않는다. 권력을 가진 사람들의 인두겁이 아무리 좋은 화장품으로 덮여 있다 하더라도 아름답다고 말하지 말아야지. 자본주의의 첨병처럼 살지 말아야지.

그들과 인간적으로 손은 잡더라도 그들의 손에 끌려 살지는 말아야지. 더 피곤한 고민은 더 피곤하게 고민해야지. 재미만 있는 것보다 알아야 하는 것에 눈길을 주어야지.

불편한 사람과 더 불편한 이야기를 나눠야지. 담배를 피우고 더 피곤해져야지. 잘 살 필요는 없지. 매번 관계에 지고 시스템에 지고 권력에 지고 돈에 지고 만날 어디서 얻어터진 얼굴로 눈물도 이고 지고.

팔공산

    산을 오르고 내려오면서 '산에는 아름다운 사람들뿐이구나' 생각했다. 모두 쓰레기를 들고 하산하는 모습이 당연한데도 큰 울림이 있었다. 버리는 사람이 있는 반면에 줍는 사람도 있어서 세상이 유지된다.

부모님이 서로를 기다려주는 모습을 보았다. 기다림을 견디는 모습.

그 힘으로 지치지 않고

 장난 같은 말에 의미를 담는다. 지나가는 말이 발자국을 남길 수 있도록. 사람들이 말을 걸어올 때마다 더 겸손하고 공손하게 대할 수 있는 내가 되기를. 헛된 인연도, 슬픈 만남도 언젠가 신실한 사람과 기쁜 날에 잊힐 테니. 밤이 오면 아침을 생각하고 다음 계절이 오면 전전 계절을 그리워하면서. 미소를 떠올리면서 그 미소에 주문을 걸면서, 오늘을 기도하면서, 오히려 앞날을 그리워하면서.

오늘은 생각보다 많은 분을 만났습니다. 이야기를 듣고, 또 나누면서 더 겸손하게 살아야겠다고 다짐했습니다. 덕분에 그 힘으로 지치지 않고, 그 어떤 것에도 기대지 않고, 희망을 염원할 수 있습니다. 모두 덕분입니다. 그리고 나는, 집으로 돌아와 나만의 촛불을 켜두는 것입니다.

가벼운 말에도 상처가 되는

나는 모순된 사람이다. 사랑하는 사람들과 이야기를 나눌 때마다 "무슨 일을 하든 상처를 받지 않는 것이 중요하다."고 말하면서 항상 상처를 받는다. 허공이 나무 표면처럼 갈라지길 바라며 손을 뻗어 휘휘 긁는 동안, 맑은 하늘 아래서 비가 오길 기다리면서 어제 비가 온다고 투정 부리던 사실을 잊었다.

나는 모순이다. 늦저녁에 헤어진 사람들도 내게 말했다. "당신은 너무 모순이 많아." 뭐, 순전히 거짓말은 아니지만, 그러려니 하고 넘어가기에는 슬픈 말들. 그래, 나는. 모순된 사람이 나만 있는 건 아니고, 내가 그렇게 죽을죄를 지으며 살지도 않았으며, 누구나 가끔은 다이어트 중에 치킨 두 마리 시켜 먹는 날도 있을 텐데.

사람이 숨 쉴 구멍 정도는 마련하고 살아야지. 자기들도 모순투성이이면서 고작 그런 거로 사람 꼬투리를 잡고 늘어지나. 흠. 오늘도 쥐구멍을 통해 볕을 본다. 봄이로구나, 가벼운 말에도 상처가 되는. 작년 봄에 아물지 않은 상처 사이로 어세는 온종일 비가 내렸다. 재작년 봄에도, 언젠가 늦저녁 집으로 가는 길에도.

과거 속에 사는 사람

 초등학교 때도 중학교 때도 고등학교 때도 대학 때도 인간 같지 않은 녀석들은 있었다. 시간이 흐른다고, 사회에 나왔다고, 어떤 집단이라고 인간 같지 않은 녀석들이 없을까. 사람은 쉽게 변하지 않더라. 과거 속에 사는 사람이 여전히 존재한다. 지금 내 앞에 서 있는 건 그저 한 사람에 불과한데, 그는 무엇을 보고 있을까.

자연스럽지 못한 인간의 언어

 나무들의 대화나 꽃들의 대화를 적어놓을 수는 없다. 옮겨적는 순간 인간들의 너저분한 말로 변질하여버릴 것이 분명하기 때문에. 가끔 나무처럼 푸르고 곧은 사람과, 꽃처럼 어여쁘며 향기로운 사람이 입을 닫고 조용히 어딘가를 바라볼 때가 있다. 그때의 그들은 대화로 소통하는 것이 아니라 침묵으로 소통하고 고통받는 인간을 향한 애도와 가슴 찢기는 괴로움으로 입술을 질끈 깨무는 것이다.

 고개를 돌려 다시 바라보면 보인다. 자연의 언어를 풀어놓은 사람들의 죄업을. 자연스럽지 못한 인간의 언어를. 단어와 문장으로 짠 그물 사이로 도망간 진실을.

그렇게 마음이란 것이 쉬운 것이라면

빨래가 다 되었다. 하지만 빨래가 다 되었다는 말은 쓸모없는 말일지도 모르겠다. 우리는 매일 속살을 감추기 위해 옷을 입고, 또 매일 빨래를 해야 하고 탈탈 털어 널어야 하므로.

털지 않고 옷을 널면 옷이 쭈글쭈글해지곤 하는데, 사람의 마음도 매일 옷을 입고 빨래를 해야 하고 털지 않고 널면 주름이 져서 다시 입을 때 다림질을 하거나 다시 빨아 입어야 한다.

그냥 입어도 상관은 없겠지만 기분은 썩 좋지 않을 것이다. 그래서 빨래를 할 때는 정성스럽게 머금고 있던 물기도 꼭 짜고 잘 털어 잘 말려야 한다. 요즘처럼 날씨가 좋은 날이 빨래하기 좋다.

마음도 쉽게 빨고 널어 말릴 수 있었으면 좋겠다. 세제를 넣어 때도 빼고 섬유유연제를 넣어 향기도 난다면. 그렇게 마음이란 것이 쉬운 것이라면. 빨래가 다 되었다는 말은 쓸모없는 말.

 오늘의 빨래는 다 되었지만, 내일도 모레도 빨래는 넘칠 것을 안다. 그러므로 우리는 때가 묻는 것을, 상처받을 것을 두려워할 필요도 무서워할 필요도 없다. 빨래하는 방법을 알기 때문에.

4부

말은 언제나, 가볍게

 사람들이 은연중에 흘려둔 말을 담아둔다. 붙잡아 두었던 말들이 폭 삭을 무렵, 사람들은 자신의 말과 모순된 행동을 하기 시작한다. 그때 묵은지처럼 시큼하게 삭은 말을 꺼내어 보여주면, 결국 자신의 모순을 '인정하거나, 인정하지 않거나'의 두 부류로 나뉘는 것 같지만 인정을 하느냐 하지 않느냐보다 '책임을 지느냐, 책임을 지지 않느냐'가 더 중요하다. 말은 언제나, 가볍게 흘러만 가는 것이 아니므로.

욕심은 죄라기보다

 있고 없음으로 나누는 기준이 인성 이외의 것으로 포화한 현실에 관하여 방구석 한쪽에 틀어박혀 떠올려보면, 내가 사랑하던 많은 사람들 또한 물질화된 것에만 관심을 보였던 것은 아닌가 하여 고개를 파묻는다. 삶에 빈궁함이라고는 없던 사람의 당연한 인색함을 볼 때 나의 빈궁함이 그의 빈곤과 어떤 면에서는 크게 다르지 않다고 느껴진다.

 누구에게나 부족한 면은 있는 법이다. 누구에게나 사정 또한 있는 법이다. 어느 날은 정말 욕심이 죄일까 싶기도 하지만은, 가져야만 이어지는 관계들에 관한 애석함과 준 것 없이 받으려 하는 사람들의 뻔뻔함이 세상을 이루는 걸 보면 욕심은 죄라기보다는 삶을 남김없이 먹어치우는 불가사리 같다.

무엇이 마음에 걸려

 시청 앞 덕수궁 돌담길. 잔비가 알알이 내린다. 벽에 걸린 노란 리본들이 아직도 걸려있다. 우리는 무엇이 마음에 걸려 우산도 쓰지 않고 온몸으로 우는 걸까. 구름은 얼마나 자신을 말려야 할까. 하늘 아래 낙엽처럼 깔린 구름, 그 아래서 차들은 쌩쌩 내달리고. 광화문 광장을 향해 걸었다.

계절을 모르고 피는 꽃

 꿈을 꾸지 않은 지 오래되었습니다. 이불을 덮고 눈을 감았다 뜨면 곧바로 아침을 맞이합니다. 밤새 위 뒤척이면서도 꿈을 꾸지 않는 이유는 혹시나 진실로 바라는 소원이 이루어지지 않으면 어쩌나 걱정하는 탓입니다. 지금은 헛된 희망일 뿐이지만, 앞으로도 그럴 테지만, 한 톨의 꿈이라도 모아서 불확실함에 기대고 싶기 때문입니다.

당신을 만나지 못한지, 오래되었습니다. 이제는 당신의 그 매몰찬 거절에 다른 의미가 있다고 생각하지는 않습니다. 다만 계절을 모르고 피는 꽃을 물끄러미 바라보면서, 어떻게든 만개하려는 꽃을 지켜보면서 서툴게 살아온 나는 저만치 노력해 본 적이 있던가 떠올립니다. 알아도 모른 척 피어나고 싶을 뿐입니다.

사랑했던 마음을 새벽 위에 올려놓고

 엄마, 사랑하지 않는 법을 알려주세요. 왜 인간은 누군가를 좋아하고 그 때문에 웃기도 하지만, 이렇게 슬퍼야 하나요. 잠들지 못하고 이 새벽에 함께 깨어있는 사람들을 만납니다. 도로에는 빠른 속도를 내는 차가 미간을 찌푸릴 정도로 쌩쌩 달리고, 저 멀리 빌딩은 오늘도 야근입니다. 마음도 늦게까지 남아 가야 할 곳을 찾지 못하고 있습니다.

 엄마, 왜 모두를 사랑하라고 하셨나요. 사람을 대할 때 조금은 모질게 대해도 된다고 가르쳐주었으면 이렇게 아프지 않을 텐데요. 사람들은 그렇지 않던데요. 남이 아파도 아픈 걸 모르고, 모른 척하고 쉽게 지나치던데요. 그 정도는 아니더라도, 이 정도는 아니었어야 했다고 생각해요. 이도 저도 아닌 채, 이도 저도 아닌 슬픔의 무게가 느껴집니다.

 엄마, 사랑은 뭘까요. 계속 찾아 헤매다 보면 알 수 있을까요. 지금까지 사랑이라고 생각했던 만남

중에 어쩌면 사랑이 있었을까요. 아니면 모두 사랑이 아니었을까요. 시간이 지나고 나면 모두 빛이 바래는 것처럼 마음도 빛깔이 바래고 손 위에 올려놓으면 바스러질까요. 사랑했던 마음을 새벽 위에 올려놓고 바스러지길 기대하고 있습니다.

믿어야만 오는 내일

　모든 건 지나간다. 소중한 것도. 소중하지 않은 것도. 그리고 소중하다고 여겼던 것도. 그렇게 믿어야만 오는 내일이 있다. 내일이 왔는지 느끼지 못하도록 내일과 가까워지는 밤이 있다. 보낸 날들, 그리고 오늘은 꼭 천천히 오늘을 보내야지. 어제는 하루가 너무 길었다.

회피가 지겨워진 계절

 꾸준함이 주는 선물을 안다. 그리고 사람들은 누구나 자기 나름대로 노력을 한다. 하지만 어디부터 어디까지 이루었노라며 말로 하는, 말뿐인 증명은 노력의 대가가 아니라 자기 위로임도 안다.

 얼마 전에는 억울한 표정으로 과거를 치장하는 사람의 모습을 보았다. 누구나 내세울 과거를 추억할 권리가 있을지 몰라도, 그걸 계속 들으며 진실이라고 믿어줄 책임 같은 건 나에게 없다.

 내가 존경하는 이들이 그렇듯이 보여주고 증명하면 그뿐이다. 누구나 노력은 한다. 누구나.

미안, 나는 요즘 노력했다고 말하는 회피가 지겨워진 계절이다.

매번 숫기 없는 진심에게

 머뭇거리느라 내가 나에게 말하는 진실을 놓쳐서는 안 돼. 진실은 거짓이 될 수도, 원래부터 거짓이었을 수도 있지만. 아무것도 걸치지 않은 마음과 마주하는 진실이라면, 그리고 진심이라면. 지금까지 그래왔던 것처럼, 지금처럼 머뭇거려서는 안 돼.

나는 매일 나에게 말을 건다. 놓친 적 없이 꾸준히 해온 일. 끊임없이 쌓는 동안에 무너지는 돌탑을 다시 쌓는다. 바람이 불고 비가 내리는 동안 돌탑은 돌무더기처럼, 헤치고 들어가 누워야 할 돌무덤처럼 느껴졌다. 틈새로 풀이 돋고 잠자리 앉아서 뻐근한 목을 푸는 곳.

시간은 멈칫하는 사람의 등을 떠밀며 어디론가 가라고 한다. 째깍째깍 시계 소리도, 새가 지저귀는 소리도, 핸드폰 알람도 어서 진실을 찾으라고 말한다. 네가 나에게 말했던, 내가 나에게 말하는. 내가 너에게 말했던, 네가 너에게 말하는. 매번 숫기 없는 진심에게.

어차피 지겹게 찾아올

 나는 나를 포기하지 않도록 하자. 그대가 모진 말로 나를 버리는 날에도. 슬픔에 지지 않도록 하자. 괴로운 기억 떠오르는 날에도. 너를 원망하지 않듯이 나를 원망하지도 말자. 네가 나를 포기했더라도 내가 너를 포기하지 않았듯이. 밤마다 포근한 절망이 덮이더라도, 아침이면 이불을 걷어차면서. 그 힘찬 발길질로, 기지개 같은 그리움으로. 살자, 잘 자, 살자, 잘 자. 반복되는 하루가 한없이 지겨워질 때쯤이면 나에게 말하자. 아직 포기하지 않았다고. 나에게 말하자. 언제나 포기하지 말자고.

하루가 이렇게 떠나버리더라도, 내일은 어차피 지겹게 찾아올 테니까.

시간이 오래 흐른 뒤에도

 흐렸던 날씨가 개면서 내가 서 있는 곳에만 햇살이 비치는 때가 있다. 한자리에 오래 서 있다가 그런 순간을 맞이하면 정수리부터 이마, 광대, 입술을 훑고 지나가는 햇볕이 너무 따사로워서 미소를 머금게 된다.

잠시뿐일지라도 기분 좋은 기억으로 남아서 시간이 오래 흐른 뒤에도 떠올리게 되는. 스쳐 지나갔더라도 포기하지 않고 평생을 살아가도록 하는. 순간을 감사한 마음으로 맞이하고 전하고 싶다. 그런 존재가 되고 싶다.

창밖에 꺼내두고

끝이 났으면 하는 일들이 있다. 마음의 번잡함을 만들지 않기 위해서, 미워하는 마음을 갖지 않기 위해서. 자르고 끊어낸다고 흔적이 안 남지는 않겠지만 끝을 내야만, 끝으로 가야만 시작이 온다.

그래서 끝을 본 날에는 어디론가 떠나서 새로운 시작을 만나고 싶다. 비 오는 바닷가, 이름 모를 이의 무덤가, 그 어디선가 기다리고 있을 시작의 뒷모습이라도 먼발치에서 보고 싶다.

어제는 끝나지 않는 꿈을 꾸었다. 몇 시간 동안 누군가를 찾아 뛰는 꿈. 너무 생생해서 친절하기까지 한 악몽. 아침에는 두 시간 정도 가만히 앉아 있었다. 언젠가 끝나겠지, 라면서도 그리움에 끝나지 않았으면 하는 끝. 그리고 꿈.

비가 쏟아지는 날에는 마음을 창밖에 꺼내두고 잠들고 싶다. 끝도 시작도 아닌 곳에서 잠들고 싶다.

눈을 질끈

 인간의 언어가 지겨워질 때가 있다. 아름다운 말도 그저 단어의 나열로 보이는 하루. 그보다 넌더리 나는 사람과 사람 사이의 행간이 마음에 걸려서 눈을 질끈 감아버리는 순간. 그런 순간이 찾아올 때마다 아이들이 그린 그림을 본다. 사랑받고 싶어 하는 마음과 사랑하는 마음이 여실히 드러난. 저 나이 때의 궁핍과 의지는 아직 지겹거나 피곤하지 않을 시기인듯하여서. 욕심뿐이거나 능글맞거나 징그럽지 않아서.

너를 위한 침묵

 짧은 문장이 자꾸만 하늘을 올려다보게 한다. 오늘은 가을비가 온다고 했던가. 비가 오고 나면 추워질 거라고 일기예보 진행자가 말했다. 겨울옷을 미리 꺼내놓은 탓에 방은 너저분하다. 어느 순간부터는 귀찮다는 생각을 하면서 내버려 두었다. 쌓인 설거지와 빨랫감. 모기가 들어올까 열지 않은 창문. 책이 쌓인 방. 침대에 누워있다가 오랫동안 만나지 않았던 친구의 부고를 들었다.

 오늘은 얼마를 벌 수 있을까. 빈 주머니를 떠올리며 시간을 보낸다. 비가 온다더니 골목에 인적이 드물다. 엊그제는 친구의 생일이었다. 어른들은 생일 근처에 사람이 죽으면 천수를 누른 거라고 말했지만 나는 하늘이 정해놓았다는 것들을 믿지 않는다. 그런 말은 별로 위로가 되지 않는다. 위로는 살아있는 사람을 위한 것. 떠난 이를 위해 잠시 침묵한다. '잘 가'라는 말 삼키며.

왜냐니

 최소한의 공동체 의식은 적어도 사회구성원으로서 책임일 텐데, 권리는 주장하면서 책임을 지지 않겠다고 말하면 그저 불평불만만 늘어놓는 것뿐이지 않은가.

 오늘은 종일 무척 슬펐다. '내가 가난하게 죽어가는 사람들을 왜 생각해줘야 하느냐'라는 지나가는 말 때문에. 그 말이 내게는 아직도 지나가지 않았기 때문에.

손가락을 밤하늘에 뻗어

 밤에 피어오르는 낮이 있어서 잠들지 못하고 산책을 한다. 어제도 몇 시간밖에 자지 못해서 시뻘건 눈으로 하루를 났다. 집으로 돌아오는 길에는 한강에서 폭죽이 터졌다. 터지는 광경은 만나지 못하고 소리만 들렸다. 혹시 전쟁이 난 건 아닐까.

 사람들은 자기 할 일에 바빴다. 하루와 싸우는 일이 더 중요한 사람들. 마음과 싸우다 보면 잠이 오지 않는다. 긴장감은 사라지지 않고 두둥실 떠오르는 어제와 어제 만나지 못한 당신과 내일도 만나지 못할 당신, 그리고 멀찍한 곳에서 세상을 마주할 나.

 손가락을 밤하늘에 뻗어 글을 쓴다. 쓰고 또 써도 남지 않는 기록만이 끝에 관한 진실한 애도여서.

미더운 혼잣말

 사람 사는 건 다 똑같다는데 우리는 언젠가부터 다른 걸 느끼는 게 익숙해져서 이렇게 살아야만 한다고 여긴다. 저린 발바닥을 주무르다가 또 다른 길이 있겠지, 또 다른 날이 있겠지, 라며 미더운 혼잣말을 속삭인다. 쉬운 건 없다던 누군가의 말처럼 우리는 각자 쉽지 않은 인생을 산다. 그런데도 같았으면 하는 바람은 분연히 생기고.

믿음의 유언

 욕심을 버리고 기도하는 마음이 있다. 기도하다 보면 언젠가 이루어질지도 모른다며, 불확실한 미래에 맡겨 버리는 것은 아니다. 간절히 두 손을 모으고 힘을 주지 않으면 버티지 못하는 하루가 있기에 무너지지 않으려 펜을 잡는다.

 다른 한 손은 펼쳐 공책을 맞잡고 다른 한 손으로 볼펜을 꽉 부여잡는다. 찰나도 놓치지 않으려 가늘게 숨을 쉰다. 때로는, 뱉어둔 말들이 내게 돌아와 온몸을 옥죌지도 모르지만. 세상이 끝나는 마지막 날에, 내가 나의 방식으로 쌓아둔 기도가 허물어지더라도.

 불에 타 없어지더라도, 손바닥에 가득 찬 땀으로 쓴 사람에 관한 이야기가 누군가의 마음에 전해둘 믿음의 유언은 남을 것이다. 글을 쓸 때마다, 책을 읽을 때마다 그런 마음을 본다.

동물원

 형식을 벗어나기 위한 행동들이 또 다른 형식이 된다. 똑같은 생각과 똑같은 마음을 갖는 건 두려운 일임에도 사람들은 정답을 찾는다.

 판단하고 판정하는 일에 익숙한 사람들. 다름을 포용하는 방법을 배우지 못한 탓이다. 접촉하고 부딪히기보다 망설이고 주저하는 것이 편한 탓이다.

 멀찍이 떨어져서 말과 행동으로 울타리를 쳐놓고 서로를 보며 동물원에 갇힌 동물들을 떠올리기 때문이다. 본질은 무엇이었나.

저만치 멀어진

 어린 시절 내가 좋아했던 사람이 변했다는 말을 듣는 건 무척이나 슬픈 일이다. 아니, 괴로운 일이다. 그리고 '그런데도 무슨 이유가 있겠지'라고 생각하는 자체가 서글플 때가 오면, 언제나 당당하고 불의 앞에서 큰 목소리를 내던 당신은 어디로 갔는지 찾고 싶어서 다시 당신의 얼굴을 찾아본다. 똑 부러지던 당신이 똑 부러진 건 아닐까 의심하는 믿음의 저열. 아니면 저만치 멀어진 시간의 균열.

조용히 얼어가는 계절

 물을 얼린다. 얼음을 얼음이란 단어에 가둬두는 건 틀 속에 넣고 얼리는 것보다 더 가혹한 짓이다. 어쩌면 물도 물이란 단어에 갇혀 있었는지 모른다. 조용한 새벽 사이로 단어를 불러본다. 본디의 이름은 아무도 모를 것이다. 부르고 부른 덕에 지금의 이름을 가졌겠지.

 언어의 감옥 속에서 이름 없던 것들의 이름을 나열하는 행위가 어째서 아름다운가. 막연함으로 막연함을 일구는 우리의 일상은 사물에 붙여진 태초의 이름처럼 시간이 흐르면 결국 변하겠지만 그 날카로운 찰나를 떠올려본다. 조용히 얼어가는 계절과 그 무엇을 향한 경배.

언어라는 감옥

 한자와 영어, 그에 영향을 받은 모든 언어체계가 왜곡된 채 이어져 왔다면 우리가 받아들여 온 선지자들의 말을 어떻게 해석해야 하나. 그들이 가르쳐 온 진리들이 다른 차원의 이야기였다면, 깨널있다던 사람들은 무엇을 깨달았던 것인가. 그리고 지금 굳어진 언어로 새롭게 감옥을 짓는 이들이 있고, 믿음의 영역이 기실 자유의 속박이었다면.

우리 사이에도 빈틈은

아침마다 커피를 마시고 똑같은 하루를 반복한다. 비슷한 일들로 일주일이 채워지고 한 달도 순식간에 차버린다. 새롭지 않은 일들은 번복이 맞을 거다. 도장을 찍어내는 듯한 지루함이 절벽을 향해 줄을 선 개미 같다. 후 - 불면 날아가 버릴.

문장과 문장 사이에 숨 돌릴 공간이 숨어 있듯이 단어와 단어 사이에도, 그리고 우리 사이에도 빈틈은 남아있다. 틈이 관계 사이의 여유를 주기도 하지만 균열이 곧 넉넉함은 아니니까 사람들이 보지 않는 틈을 타서 무너진 곳에 회칠하자.

언젠가부터 '저렇게 살아야지'보다는 '저렇게 살지 말아야지' 생각을 한다. 그리고, '그래도 살아야지' 하며 새벽을 넘겨 책을 읽는다.

내 안의 기척

 마음에 드는 책을 읽으면 잠이 오지 않는다. 이 밤이 가기 전에 끝장을 보자는 생각이 들다가도 조금 남겨 두었다가 '내일 읽어야지' 하며 책장을 덮는다. 흥분은 가라앉지 않고 나는 술을 따라 마시며 자책한다. 저렇게 쓰려면 얼마나 어떻게, 얼마나 똑같이, 얼마나 다르게 살아야 할까.

 쓰고 싶은 성향의 글을 쓰는 누군가가 저 멀리에서 손짓한다. 나는 멀뚱히 서서 글이 중요한지, 삶이 중요한지 고민하며 섧게 울다 잠든다. 미미미레미레도. 마음에 드는 사람을 만났을 때처럼 '가지 마라, 가지 마라' 매달리며 뭐든 쏟아버리고 싶은 것이다.

*〈내 안의 기척〉 조윤희 시집 (발견, 2017)

그저 고마운

 언어가 세상을 구원하리라는 말을 믿지 않습니다. 표현이라는 단어가 완벽과 같은 뜻으로 쓰이지 않기에 나타내려는 모든 행위는 그저 다른 차원으로 가는 문을 열어줄 뿐이라고 생각합니다. 그나마 시는 진심에 가까운 언어일 뿐입니다. 그래도 시인들이 모두 옳았다면 오늘처럼 시집이 불쾌한 무게를 지니지 않았을 텐데요.

 말장난뿐인 제목이 종이를 가볍게 만들고 말 뿐인 행동이 마음을 무겁게 만듭니다. 글쟁이만의 문제는 아니겠지만 말과 글이란 행동을 앞서기도 하여서, 언어체계를 다루는 사람은 항상 입과 손 다루기를 날 선 칼을 다루듯 해야 합니다. 펜이 칼과 총을 움직이고 그보다 더 많은 숫자의 사람을 죽였습니다.

 누군가 죽이는 글을 쓰는 동안에 살리는 글을 쓰는 사람도 있습니다. 나는 구원을 믿지는 않습니다만 타인을 구원하는 자의 말과 행동을 압니다. 그리고 그걸 적어둘 뿐입니다. 말과 행동이 다른 채 한 마디 사과 없이 하루를 보내는 사람들의 마음이 켕기고 언짢기를 바라면서요. 말과 행동이 어떻게 취사선택이 될 수 있나요.

 밥맛 떨어지는 일입니다. 밥솥에 쌀도 올리지 않고 밥을 먹으려는 사람들이 있습니다. 말과 글에도 쌀을 씻고, 불리고 짓는 시간과 정성이 필요합니다. 맛있는 쌀을 고르는 줏대도 필요합니다. 우리에겐 언어를 담을 마음의 그릇도 필요합니다. 요즘은 쌀독도 없이 쌓아놓은 쌀에 참새가 내려앉아 주워 먹는 시대처럼 느껴집니다.

 분에 넘치는 말과 글이 지겨워집니다. 차라리 책보다 돈을 더 사랑했어야 이런 상실감과 상처도 없었으리라 생각합니다. 이젠 책도, 돈도, 말도, 글도, 시도, 사랑도, 사람도 믿지 말아야겠습니다. 그저 고마운, 책과 돈과 말과 글과 시와 사랑과 사람이 있을 뿐. 진심 따위 퍽 중요치 않습니다.

인생을 즐길 수 있도록

 망설임과 두려움도 이렇게 쉽게 지나갈 수 있다면. 인생도, 버튼만 누르면 재생되는 노래처럼 즐길 수 있는 것이라면. 요즘의 즐거움은 다리를 건널 때 한강의 풍경을 기록하는 것. 쉽게 지나쳐야 하는 것과 쉽게 지나치지 말아야 할 것을 구분하면서, 버튼을 누르고 인생을 즐길 수 있도록 나를 독려하는 하루.

우리가 갈 수 있는 모든 곳

무너지려 할 때마다 떠올린다. '내가 나를 인정할수록, 내가 나를 감당할수록 행복해진다.' 타인에게 온기를 전하는 것만이, 우리가 갈 수 있는 모든 곳을 상상할 수 있도록 하는 것만이. 언제든, 어디돈가, 아무 말 없이 떠날 수 있는 마음만이 이 괴로움을 벗어나 앞으로 나아갈 방법. 나는 당신을 만나자마자 방긋 웃을 것이랍니다.

지더라도 맑게 지자

오늘은 맑게 지는 해를 친구와 봐서 좋았다. 해를 보러 가는 동안 이미 세상을 떠난 친구들의 이름을 불렀다. 집으로 돌아오는 길, 내가 나를 외롭게 만든 순간들을 후회한다. 해는 내일도 맑게 질 것이다. 지더라도 맑게 지자. 내일도 해는 나의 지난한 후회처럼 다시 떠오를 테니.

풀잎을 향한 기도

 요즘처럼 망연자실한 때가 또 없습니다. 자신을 들여다보지 않는 날이 길어진 탓입니다. 하루는 바삐 지나가고 나는 바쁜 하루에 끌려갑니다. 나는 그저 나를 찾고 싶을 뿐이었는데 남들이 찾는 나만 알게 되었습니다. 무엇을 원하고 좋아하는지 모르겠습니다. 무엇을 무엇이라고 부르는 순간, 손에 잡히지 않는 무엇이 진정 무엇인지에 관한 의문이 듭니다. 관찰하고 의심하고 끊임없이 지켜보았습니다. 누구는 번민이라고 말했고 누군가는 사랑이라, 누군가는 아무것도 아니라고 말했습니다. 번민이든, 사랑이든, 아무것도 아니든, 무슨 소용이랍니까. 그것이 무엇인지도 모른 채로 매번 이렇게 어물쩍 흘러가는 하루가 내일도 올 텐데요.

 그리고 이것은 사랑을 구걸하던 당신에게 어제 아침 영문도 모른 채 짓밟힌 풀잎을 향한 기도입니다.

우리 시대

믿고 싶은 의지가 새로운 종교를 만들어낸다. 믿음은 애초에 존재하지 않고 두려움을 기반으로 한다. 숫자는 사실을 기반으로 하지 않아도 수비학으로 해석된다. 정답은 정해져 있고 해답은 다음 세대의 것이 된다.

권력이나 자본, 정치가 곁들여지면 새로운 종교가 탄생한다. 사상도 이와 같다. 그 무엇도 적확한 사실을 기반으로 하지 않고, 손에 잡히지 않는, 아직도 보이지 않는 분홍 유니콘을 찾는 군중심리의 모험 같은 우리 시대.

그리고 우리는 그 시간 앞에

 믿음을 믿으려고 만든 믿음에 의지를 담아 의지하는 사람과 그런 사람을 사랑하는 사람과 사실은 사람 따위 중요한 적 없었으면서 사람을 떠드는 사람과 사상이 만드는 사상자와 온전한 제 것은 없어서 그 공허를 남의 것으로 채우는 사람이 이루어온 이 세계의 역사는 반복, 번복. 그리고 우리는 그 시간 앞에 굴복하고 마는 매일 무엇에 굶주림 배고픈 자들.

도화지에서 어둠을 몰아내면서

 밤이 어둠인 줄만 알았던 날에는 하늘을 검정 크레파스로 채웠습니다. 흐린 날에도 별이 뜨는 줄 모르고, 달이 뜬 줄도 모르고. 눈을 감으면 아무것도 보이지 않지만 떠오르는 이들도 있습니다. 아무도 없지만, 아무도 없는 줄 알고, 문득 내 생각하는 줄도 모르고.

시간이 지나면 삶은 기어코 밝아질 것이므로, 이제는 이 어둠을 비관하지 말아요. 우리는 별이 뜬 줄도 모르고, 달이 뜬 줄도 모르고, 해가 뜰 줄도 모르고. 어떤 날을 어떻게 보냈던가요. 내일은 비가 온다고 합니다. 우산 잘 챙기셔요.

우리는 해가 쨍한 날에, 별이 많은 날에, 달 밝은 밤에 봐요. 하얀 크레파스를 들고, 도화지에서 어둠을 몰아내면서. 마음은 기어코 밝아질 것이므로.

얼굴의 그늘

 무릎이 시큰할 정도로 걸어가자. 발목이 푹푹 빠지는 하루를 지나서 허리에 고독 쌓이는 땡볕으로 가자. 아무도 알아주지 않는 얼굴의 그늘에 앉아 엉덩이 씰룩거리자. 긴 머리 땀으로 젖어 녹닐니 민끽이는 낮, 방울 가득한 얼굴로 웃어버리자. 삶이란 염불이란 듯이, 다 씻어 내듯이.

향기는 분명히

 내일도 계기가 되길 바랍니다. 하나의 계기. 그게 그 무엇이더라도 좋겠습니다. '할 수 있다'라는 말보다 '해보자' 정도로 끝나는 것도 좋다고 생각합니다. 할 수 없이 지나가는 일도 많지만 한 번 해보고 아닌 걸 아는 것도 중요하니까요. 무엇보다 중요한 것은 그것이 계기가 되고 동기를 찾게 되는 것. 시간이 지나 그게 이유였다는 걸 알게 되는 것만으로도 삶은 충분히 온전하니까요. 내일이 아니더라도 모레, 글피. 시간이 지나면 아무것도 아닌 일로 괴로워했습니다. 내일은 문득 길가를 지나다가 무심코 꽃을 꺾어서 꽃병에 꽂아두었으면 좋겠습니다. 그 꽃의 향기는 분명히 계기가 될 거예요. 하나의 계기.

아침밥 다 된 소리

 편견이 있지 않다고 말하는 대부분의 사람이 최소한의 편견이 아닌 최대한의 편견으로 사람을 대한다. 차라리 편견이 있다고 말했다면, 인간은 편견 덩어리라고 말했다면 당신이 이 세상에 또 다른 멸균실을 만든다고 느끼지는 않았을 텐데. 편견이 없다는 사람들은 감정을 취사선택한다. 여러 번 부정하는 마음의 끝에 아침밥 다 된 소리가 들린다.

마치며

누군가에게 무슨 말이라도 해주고 싶지만 할 수 없을 때마다 남몰래 글을 쓴다. 절망에 빠진 친구에게, 다시는 만나지 못할 옛 연인에게, 잃지 말아야 할 순간을 잃어버린 사람들에게.

써놓은 글이 마음에 들지 않아서 쓰고 지우기를 반복했다. 마음에 들지만 부담스러운 글들은 단어를 바꾸고 주어를 바꿨다. 누구에게도 쓴 글이 아니지만, 누구에게라도 닿을 수 있도록.

언젠가부터 특정 인물을 향한 글은 비겁하다는 생각이 들었다. 의도가 어떻든 간에, 글이 너무 많은 꽃이나 너무 많은 칼을 담고 있어도 누군가에게 상처가 될 수 있겠다면서. 지금까지 만났던 사람들을 떠올리며 잠들지 못했던 밤에 이런 말이 얼마나 위로가 될지는 모르겠지만, 썼다. 부디 나를, 당신 자신을 용서하기를. 그렇게 조금씩 우리 마음이 넓어지기를.

선을 긋고 서로를 구분할 때마다 유년 시절 편을 가르던 아이들을 떠올렸다. 적을 만들지 않으면 살아갈 수 없는, 스스로 누군가의 적이 되어야만 삶에 이유가 있던 아이들. 지금도 사람들은 반목을 반복한다. 그 모습을 지켜보면 말을 삼키게 된다. 어떤 이야기를 나눈다고 해도 그 맹신을 무너뜨릴 자신이 없다. 여전히 폭력은 또 다른 폭력을 긍정한다.

시대는 내 친구에게 괴로움을 안겨 주었다. 현실은 옛 연인에게 회피할 기회를 주었다. 사람들은 자신을 잃어도 울지 않았다. 참다가 병이 되어서 매일 쓴 약을 삼켰다.

세상에 진실은 분명히 있을 텐데, 그건 중요하지 않다는 듯이 인생은 흘러간다. 시간은 사회를 바꾸기에 너무 느리고 빠르게 간다. 어느 장단에 맞추어야 할지 모른 채 나이를 먹는다.

이런 말이 얼마나 위로가 될지는 모르겠지만, 단 한 문장이라도 독자들의 삶에 여유가 되길 빈다. 졸고를 책으로 엮어준 이광호 편집장과 나를 사랑한 많은 이들에게 고마움을 전한다.

부디 모두 마음 맑은 하루 되시기를.

감상(鑑賞)

얼마나 위로가 되는지도 모르고

이현호 (시인)

얼마나 위로가 되는지도 모르고

이현호

 경현 씨의 글을 읽으며 나는 자주 머뭇거렸다. 어느 페이지에는 눈길이 오래 머물렀고, 어떤 문장을 만나서는 돌부리에 발이 걸리듯 마음이 넘어지기도 했다. 경현 씨의 글에 내가 쉬이 공감한 것은 그의 삶이 나와 크게 다르지 않은 까닭이다. 어제 콩나물시루 같은 지하철에서 지나쳤던 누군가가 경현 씨라고 해도 하나 놀라울 것이 없다. 그는 누구나 경험해 봤음직한 예사로운 일상에서 길어 올린 단상들을 이 책에 묶어 두었다.

 평범한 일상을 이야기한다고 해서 속뜻까지 범상한 것은 아니다. 이 책에는 갖가지 욕망으로 들끓는 세상에서 끝내 자기를 잃지 않으려는 자의 분투기 고스란히 적혀 있다. 스스로를 돌아보거나 세속 도시의 풍경을 말할 때 그 목소리는 서늘하다. 거기에는 자신의 존엄과 인간의 가치를 지키려는 단호함이 묻어 있다. 반면 경현 씨가 책을 읽고 있는 우리들에게 말을 건넬 때 그 목소리는 이 책의 제목만큼이나 다정하고 조심스럽다.

 경현 씨는 마음의 건강을 염려하는 사람이다. 그저 관성에 따라 살아가기란 쉽다. 어려운 것은 매 순간 멈춰서서 마음자리를 돌보는 일이다. 경현 씨는 스스로 양심을 병들게 하고 있지는 않은지 묻고, 다른 사람의 마음에 상처를 주지는 않았는지 또 되묻는다. 마치 마음을 보살피는 것이 직업이라도 되는 양 그는 자신과 타인의 마음에 예민하게 반응한다. 그는 세상의 온갖 마음들에 살뜰하게 청진기를 들이댄다

 곧잘 나락으로 떨어지기도 하는 마음을 들여다보는 데는 진솔함은 물론이고 용기가 필요하다. 경현 씨의 글에서는 마음의 지옥과 천국을 전심전력으로 애써 넘나든 사람의 자취를 느낄 수 있다. 그가 말하는 희망은 좌절 위에 서 있고, 미래는 절망을 디딤돌 삼는다. 경현 씨의 글이 든든하고 미더운 것은 그 때문이다. 경험에서 비롯한 그의 글은 허황되지 않다. 허울뿐인 위로가 판을 치는 현실에서 그가 건네는 위로는 특별하다.

 경현 씨의 솔직함과 용기에 힘입어 고백하건대 이 책을 읽는 일은 즐겁지 않다. 경현 씨는 이 책에 강렬한 인상을 남겼던 삶의 한순간들을 기록했다. 일상의 사건이 불러일으킨 단상과 인간관계에서 피어난 그 감정이란 거개가 회의적이다. 그의 글을 읽는 일은 즐겁기

보다는 슬프고, 슬프기보다는 아프다. 버티고 버티다가 허물어지고, 다시 일어나 걷다가 뒤를 돌아보며 자신이 걸어온 길과 앞으로 가야 할 길을 헤아리는 심사는 참 쓸쓸하다.

이 책을 읽는 것은 경현 씨가 생각하고 느낀 슬픔과 아픔과 쓸쓸함에 동참하는 일이다. 이 책을 읽는 일이 즐겁지 않다고 한 것은 이런 이유다. 그런데 어째서일까. 나는 이 책을 읽으며 마음이 한결 가벼워졌다. 그것은 경현 씨 같은 사람과 동시대를 살아간다는 데서 오는 안도감이다. 이 책을 펼치는 일은 경현 씨와 손을 잡는 것과 마찬가지다. 그의 글에서 알 수 있는바 그는 자기 마음에 떳떳하고 타인의 마음에 상냥한 사람이다. 어떤 사람은 손을 잡고 있는 것만으로도 큰 위안을 준다.

책을 덮고 나니 내 앞에 빈 의자 하나를 내어놓고 싶다. 그 의자에 경현 씨를 불러 앉히고 단둘이 조곤조곤 이야기를 나누고 싶다. 경현 씨는 종종 주억거리며 내 얘기를 귀담아들을 것이다. 어떤 대목에서는 무릎을 탁 치며 공감하기도 하고, 어느 대목에서는 쓸쓸한 눈동자로 나를 빤히 바라보기도 할 성싶다. 그는 내 말이 끝나기를 기다렸다가 "이런 말이 얼마나 위로가 될지는 모르겠지만….''이라며 조심스레 입을 열리라. 자기 말이 얼마나 위로가 되는지도 모른 채.

BYEOL BIT DEUL

별빛들은 기존의 방식과 형식으로부터 자유로우며 독립적으로 활동하는 문학 작가들과 협업, 그들의 작품을 대중들에게 소개하는 문학 출판사입니다.

별빛들은 독립적으로 문학활동하는 작가와의 협업을 통해 '문학'과 '출판'과의 관계를 유연하게 만들고 엄격한 기준과 검열의 과정 없이도 탄생되고 있는 작가의 예술적 가치를 소개하여 문학의 다양화, 출판의 민주화를 유발하려 합니다. 나아가 다양한 영역에서 독립된 자아실현이 이루어지는 우리 사회를 응원합니다.

별빛들 작품선

01	이광호 우화집	숲 광장 사막
02	이학준 수필집	그 시절 나는 강물이었다
03	김고요 시집	나의 외로움을 궁금해하지 않는 사람들에게
04	서현범 시집	마음의 서술어
05	엄지용 시집	나란한 얼굴
06	김경현 산문집	이런 말이 얼마나 위로가 될지는 모르겠지만
07	박혜숙 에세이	잔잔하게 흘러가는 동안에도
08	오수영 산문집	깨지기 쉬운 마음을 위해서
09	최유수 에세이	너는 불투명한 문
10	정다정 소설	이름들
11	황수영 산문	여름 빛 아래

이런 말이 얼마나 위로가 될지는 모르겠지만

초판 1쇄 발행	2019년 6월 19일
4쇄 발행	2022년 2월 28일

지은이	김경현
펴낸이	이광호
편집	김경현, 이광호
디자인	이광호

펴낸곳	별빛들
출판등록	2016년 8월 10일 제 2016-000022호
이메일	lgh120@naver.com

ISBN 979-11-89885-11-3
ISBN 979-11-89885-06-9(세트)

「이 도서의 국립중앙도서관 출판예정도서목록(CIP)은 서지정보유통지원시스템 홈페이지(http://seoji.nl.go.kr)와 국가자료종합목록 구축시스템(http://kolis-net.nl.go.kr)에서 이용하실 수 있습니다. (CIP제어번호 : CIP2020028631)」

- 이 책의 판권은 지은이와의 계약으로 별빛들에 있습니다.
- 저작권법에 의해 보호를 받는 저작물이므로 무단 복제와 전재를 금합니다.
- 잘못 인쇄된 책은 구입처에서 바꾸어 드립니다.
- 책값은 뒤표지에 있습니다.